Mosaik
bei GOLDMANN

Buch

In Algen steckt die geballte Kraft des Meeres für Gesundheit und Wohlergehen. Sie enthalten 26 Vitamine, 14 Mineralstoffe, 17 Aminosäuren und andere Heilstoffe wie essentielle Fettsäuren und Chlorophyll.

Diese praxisorientierte Einführung stellt den Gebrauch von Algen in der heimischen Küche, zur Heilung von Krankheiten und zur Schönheitspflege vor, der in unseren Breiten zu Unrecht vernachlässigt wird. Die Japaner wissen jedoch seit Jahrtausenden um die tiefgreifende und remineralisierende Wirkung der Algen.

Schmackhafte Gerichte und wirkungsvolle Heilrezepte zeigen die leichte Anwendbarkeit von Algen und Algenpräparaten für Gesundheit und Schönheitspflege.

Autorin

Petra Neumayer arbeitet als freie Medizinjournalistin (u. a. für die Süddeutsche Zeitung) und als Sachbuchautorin. Sie hat bereits zahlreiche Gesundheitsratgeber zu alternativen Heilmethoden und zum Thema »Biologische Krebsabwehr« veröffentlicht.

PETRA NEUMAYER

Algen
Gesundheit aus dem Meer

Mosaik
bei GOLDMANN

Die hier vorgestellten Informationen sind nach bestem Wissen und Gewissen geprüft, dennoch übernehmen die Autorin und der Verlag keinerlei Haftung für Schäden irgendeiner Art, die sich direkt oder indirekt aus dem Gebrauch der hier vorgestellten Anwendungen ergeben. Bitte beachten Sie in jedem Falle die Grenzen der Selbstbehandlung und nehmen Sie bei Krankheitssymptomen professionelle Diagnose und Therapie durch ärztliche oder naturheilkundliche Hilfe in Anspruch.

Umwelthinweis:
Alle bedruckten Materialien dieses Taschenbuches
sind chlorfrei und umweltschonend.

Der Goldmann Verlag
ist ein Unternehmen der Verlagsgruppe Bertelsmann

Originalausgabe Juli 1998
© 1998 Wilhelm Goldmann Verlag, München
Umschlaggestaltung: Design Team München
unter Verwendung folgender Fotos:
Umschlag: Guido Pretzl
Umschlaginnenseiten: Bavaria/TCL
DTP-Satz: Barbara Rabus
Druck: Presse-Druck Augsburg
Verlagsnummer: 16129
Konzeption und Realisation:
Christine Proske, Ariadne Buchkonzeption, München
Redaktion: Claudia H. Privitera
Kö · Herstellung: Sebastian Strohmaier
Made in Germany
ISBN 3-442-16129-0

1 3 5 7 9 10 8 6 4 2

Inhalt

Vorwort 7

Einleitung 9

Der Lebensraum Meer 12

Der Organismus der Algen 17

Die verschiedenen Algenformen 29
    Die fünf Hauptgruppen der Algen 30
    Die Algenarten im Überblick 34
    Die Meeresalgen 35
    Die Süßwasseralgen 46

Die Zubereitung von Algen
und Algenpräparate 51
    Die Nebenwirkungen von Algenpräparaten 55
    Die Begleiterscheinungen 56
    Die Dosierung von Algenpräparaten 57

Das Meeresgemüse in der Küche 59
    Algen in der heimischen Küche 63
    Mit Algen kochen 68
    Die Makrobiotik 71
    Algen in der japanischen Küche 74

Kochrezepte mit Algen 78

Algen und Gesundheit 90
   Das Ausleiten von Giften 93
   Candida albicans 97
   Krebstherapie mit Algen 100
   Weitere Heilanwendungen 103

Das Fasten mit Algen 111

Die Thalassotherapie 118

Rezepte für die Gesundheit 126
   Einige praktische Anwendungen 129

Algen und Kosmetik 133

Rezepte für die Schönheit 138

Weitere Einsatzmöglichkeiten von Algen 144
   Algen in der Biomedizin 145
   Algen in der Lebensmittelindustrie 147
   Algen im Haushalt und in der Non-Food-Industrie . . . 149

Nachwort 151

Danksagung 153

Bezugsquellen 154

Register 155

Vorwort

In Asien dienen Algen seit Jahrtausenden als hochwertige Nahrungsquelle und als Arznei. Aber auch in den Küstenregionen unserer Breiten hat sich noch ein wenig gehalten von dem Wissen um die Heilkraft des Meeres und seiner ältesten Bewohner, den Algen. Ihre reinigende und remineralisierende Wirkung macht sie zu wertvollen Arzneimitteln, die bei den verschiedenartigsten Beschwerden und in der Schönheitspflege eingesetzt werden können. Aber auch als Nahrungsmittel entfalten die Algen ihre heilenden Kräfte: Erfahren Sie, wie einfach und schmackhaft es ist, Algen bei der Zubereitung von heimischen Gerichten zu verwenden. Ziel dieses Buches ist, umfassende Informationen über die ältesten Lebewesen unseres Planeten zu geben. Wegen ihrer Fähigkeit, Sauerstoff zu bilden, haben die Algen vor Millionen von Jahren sogar den Grundstock für das Leben, wie es heute auf der Erde existiert, gelegt. Sicherlich werden Sie in Zukunft noch öfter von diesen geheimnisvollen Pflanzen hören, die die Urkraft des Meeres so wirkungsvoll aufnehmen können und für viele gesundheitliche, technische und vielleicht sogar politische Probleme Lösungen bieten, die unsere zivilisierte Welt so dringend benötigt.

Einleitung

Seit über 10 000 Jahren werden Algen für die menschliche Ernährung genutzt. Allen voran verdanken wir den Völkern des Ostens die Überlieferung vom gesundheitlichen Wert der Algen als Nahrungs- und Heilmittel. Aber auch in der westlichen Welt wurden Algen von den Anrainern der Nordmeere, z. B. von den Kelten, konsumiert. Die Naturvölker Amerikas, Afrikas und der Südsee nutzten das Meeresgemüse zur Bereicherung ihres Speisezettels. Durch die Einflüsse der modernen Zivilisation kamen die Menschen aber mehr und mehr von ihren traditionellen Ernährungsgewohnheiten ab, und die Algen verschwanden aus ihren Küchen. Lediglich in Japan und China blieb die Tradition der Verwendung von Algen für schmackhafte Gerichte und zur Behandlung von Krankheiten noch weitgehend erhalten.

Algen versorgen den Organismus mit zahlreichen Vitaminen und Mineralstoffen, unterstützen den gesamten Verdauungstrakt, helfen Schlacken- und Giftstoffe auszuscheiden und wirken bei zahlreichen Krankheiten heilend auf den Körper ein. Im Ökosystem Meer sind Algen als Sauerstofferzeuger und Hauptlieferanten von organischen Nährstoffen von größter ökologischer Bedeutung. Ihre Fähigkeit, durch Photosynthese, also unter Einfluß des Sonnenlichtes, chemische Energie zu erzeugen, macht sie zur Grundlage allen tierischen Lebens im Meer. Algen binden pro Jahr genauso viel Kohlendioxid wie alle Landpflanzen zusammen und versorgen somit die Atmosphäre mit dem für alle Tiere und Menschen lebenswichtigen Sauerstoff. Am häufigsten werden die Algen als Rohstofflieferanten in der Futter-, Nahrungsmittel- und Düngerindustrie eingesetzt. Und auch in der Textil-, Papier- und Fotoindustrie werden die vielseitigen Wasserpflanzen genutzt. Ihre hohe biologische Aktivität hat schon zu erfolgversprechenden Versuchen geführt, in denen Algen als natürliche Kläranlagen und zur Erzeugung von Biogas benutzt wurden. Die zahlreichen Einsatzmöglichkeiten der Algen für Gesundheit und Schönheit beinhalten große Chancen für die Menschheit. Algen sind vollwertige Nahrungsmittel, allerdings müssen sie meist speziell zubereitet werden, damit unser Organismus die vielen Nährstoffe nutzen kann, die die Algen fest in ihre dickwandigen Zellen eingebaut haben. Sie können dann den Menschen mit allen Mineralien, Spurenelementen und Vitaminen versorgen, die in der industriellen Nahrung oft nicht mehr enthalten sind. So werden sie gewissermaßen zu »Biokatalysatoren«, die ins Stocken geratene Stoffwechselvorgänge und die Entgiftung des Körpers wieder beleben können. Algen werden z. B. in der Immuntherapie, zur Krebsbekämpfung, bei der Behandlung von Gelenkerkrankungen und seit Tschernobyl sogar zur Behandlung von Strahlenopfern mit Erfolg eingesetzt. Ihr hoher Gehalt an organischem Jod macht einige Algenarten zu wirksamen Schilddrüsenmitteln, andere Arten können Schwermetalle im Körper binden und eignen sich deshalb gut für die Amalgamentgiftung. Auch bei Magen-Darm-Beschwerden und Bronchialleiden bieten Algen wertvolle Hilfe. Für die Schönheitspflege und die Behandlung der Haut werden zunehmend Algenwirkstoffe verwendet. Man findet Algen in Seifen,

Einleitung

Shampoos, Zahnpasta, Peelingprodukten, After-Sun-, Hand-, und Körpercremes und in vielen Mitteln gegen die weitverbreitete Cellulitis. Neben der Zubereitungsform als Nahrungsergänzungsmittel für die gezielte und umfassende Versorgung des Körpers mit Mineralien, Spurenelementen und Vitaminen, können Algen ihren hohen Nährwert auch in der Küche unter Beweis stellen. Aus der fernöstlichen japanischen und chinesischen Küche, aber auch aus den Eßgewohnheiten vieler Insulaner, z. B. auf Hawaii, sind sie ohnehin nicht wegzudenken. Meeresgemüse reichert sich zum Glück nicht mit Schadstoffen an, wie die meisten Landgewächse, denn es gedeiht in verschmutzten Gewässern überhaupt nicht. Eine Ausnahme bilden ein paar wenige Algenarten, die in nitratreichen Agrarabwässern prächtig wachsen und demzufolge die gesamte natürliche Wasserflora überwuchern. Diese Algen werden selbstverständlich nicht als Nahrungsmittel genutzt.

Der Lebensraum Meer

Etwa 70 Prozent der Erdoberfläche, also gut zwei Drittel, sind von Wasser bedeckt. Abgesehen von einigen riesigen Seen, die keinen unmittelbaren Zugang zum Meer haben, wie dem Kaspischen Meer in Südwestrußland, oder dem Lake Superior in Nordamerika, entfallen über 360 Millionen Quadratkilometer Wasserfläche auf die Weltmeere. Die Meerestiefe reicht von wenigen Metern im Küstenbereich bis zu über zehn Kilometern im Philippinengraben. Im Durchschnitt liegt der Meeresgrund rund 3800 Meter tief. Für die Menschheit war das Meer mit seinen unergründlichen Tiefen schon immer eines der größten Geheimnisse dieser Erde, um das sich zahlreiche Sagen und Legenden ranken und das die Neugierde und den Forscherdrang der Menschen herausforderte. Heute wissen wir, daß das Meer eine unermeßliche Fülle an Lebewesen beherbergt und ein gigantisches Reservoir an chemischen Elementen, Mineralien, Spurenelementen und Vitaminen bietet.

Die Wiege des Lebens
Das Meer ist die Wiege des Lebens für alle Land- und Wassertiere und wahrscheinlich auch für die gesamte Pflanzenwelt. Die ersten einzelligen Lebewesen entwickelten sich vor Jahrmillionen im Urmeer und das Festland wurde erst im nachhinein als Lebensraum vom Meer her erschlossen. Im Laufe der Evolution entwickelten sich an Land gespülte Meeres-

organismen zu Pflanzen und Tieren, die atmen und der Schwerkraft der Erde trotzen konnten. In Millionen von Jahren entstanden immer neue Lebewesen, die zuerst lernten, in den Übergangszonen von Meer und Land, also den Küsten, zu überleben, und schließlich vom Meer unabhängig wurden. Dabei gab es sicher Hunderttausende von Rückschlägen und Mißerfolgen, aber schließlich entstanden Organismen, die fähig waren, sich zu ernähren, ohne ständig von Futter umgeben zu sein. Auch die Entsorgung der giftigen Stoffwechselendprodukte ist für ein Lebewesen an Land viel schwieriger als im Meer. So hat es die Wissenschaftler sehr erstaunt, daß alle Zellen des menschlichen Organismus, so spezialisiert sie auch sein mögen, von einer Flüssigkeit umspült werden, die in ihrer Zusammensetzung dem Meerwasser recht ähnlich ist. Diese sogenannte extrazelluläre Flüssigkeit ernährt die Zellen und übernimmt die Aufgabe der »Müllabfuhr«. Auch für das Ökosystem Erde ist das Meer von überragender Bedeutung. Es stellt ein gigantisches Wasserreservoir dar, das die Grundlage für Fruchtbarkeit bringende Regenfälle bildet. Überhaupt wären stabile Klimazonen und ein harmonischer Ablauf der Jahreszeiten ohne die ausgleichende Wirkung der Weltmeere nicht möglich. Unvorstellbare Mengen an Kohlendioxid werden von den Wasserpflanzen, vor allem den Algen, gebunden und im Gegenzug reichern sie unsere Atmosphäre mit lebenswichtigem Sauerstoff an. Die Kräfte der Natur, die ständig in Bewegung sind, tragen dem Meer, das ja der tiefste Punkt der Erdoberfläche ist, ohne Unterlaß organische und anorganische Substanzen zu. Der Regen wäscht den Boden aus, Bäche und Flüsse spülen Erde und Mineralstoffe ins Meer, und der Wind verstärkt diesen Vorgang noch. Über

Spalten und Vulkanschlote gelangt Material aus dem Erdinneren ins Meer und auch rund zwei Drittel des kosmischen Staubes fällt auf die Wasserflächen der Erde.

Mensch und Meer

Die Aktivitäten des Menschen unterstützen die Wind- und Wassererosion, also die Erdabtragung, erheblich und zwar auf künstliche Weise, da das Abholzen der Wälder und die Entstehung riesiger Agrar-Monokulturen die Bodenfestigkeit verschlechtern und so das Abtragen des Erdreichs verstärken. All diese Stoffe, die für das Leben unentbehrlich sind, gelangen so in das große, unüberschaubare Sammelbecken der Erde, die Weltmeere. Leider können sogar die Algen, die ja eigentlich für das Leben auf der Erde sehr nützlich sind, durch menschliche Einwirkung schnell zur Plage werden. Die Einleitung von Nitraten und Phosphaten aus Dünge- und Waschmitteln in Flüsse und Seen kann – vor allem dann, wenn ungünstige klimatische Bedingungen dazukommen –, zu einer regelrecht explosionsartigen Vermehrung einzelliger Algen führen. Diese sterben dann in großer Zahl ab und werden von Bakterien zersetzt. Dabei werden dem Wasser dermaßen große Mengen an Sauerstoff entzogen, daß die Wassertiere an Sauerstoffmangel sterben und das Gewässer umkippt. Dies passierte z. B. 1988 an Nord- und Ostsee, nachdem heftige Regenfälle große Mengen an Düngemitteln von den Feldern über das Wasser der Flüsse ins Meer spülten und es schon im Mai außergewöhnlich warm wurde. Auch aufgrund naturbedingter Umstände kann manchmal solch ein explosionsartiges Algenwachstum entstehen, aber diese seltenen, natürlichen Entgleisungen des Ökosystems Erde können leicht absorbiert und überwunden werden. Leider bringt der Mensch das gigantische und doch empfindliche Gleichgewicht der Natur immer mehr ins Wanken. Bei vernünftiger und naturgemäßer Nutzung ist das Meer eine schier unerschöpfliche, sich immer erneuernde Nahrungsquelle für Mensch und Tier. Überfischung und die Einleitung von Giftstoffen beeinträchtigen das Ökosystem unter Wasser genauso, wie der Raubbau an der Natur die Lebensbedingungen auf dem Festland und in der Erdatmosphäre zu unser aller Nachteil verändert.

Algen, die Ureinwohner der Meere und Seen
Kein Lebensraum verfügt über eine derartige Mannigfaltigkeit an Lebensformen wie der Ozean. Abhängig von Temperatur, Wasserdruck, Lichteinfall und vielen anderen Faktoren beherbergen die verschiedenen Tiefenzonen des Meeres eigene Lebensgebiete mit einer jeweils typischen Tier- und Pflanzenwelt. Noch in 10 000 Meter Tiefe existieren Krebsarten, Faden- und Ringelwürmer, Seegurken und andere Weichtiere in völliger Dunkelheit. Bis etwa 7500 Meter Tiefe sind Fische zu finden, die an den gigantischen Wasserdruck und an die Dunkelheit dieser Tiefen speziell angepaßt sind. Algen leben in Tiefen bis maximal 270 Meter, meist jedoch viel näher an der Wasseroberfläche, da sie für die Photosynthese auf das Sonnenlicht angewiesen sind. Von der schier unerschöpflichen Fülle an Nährstoffen profitieren die ungefähr 13 000 verschiedenen Algenarten, die im Salzwasser vorkommen. Darunter gibt es Arten, die nur unter dem Mikroskop zu erkennen sind, und solche, die als hochorganisierte Lebewesen mehrere hundert Meter Länge erreichen können. Je nach

Der Lebensraum Meer

Wassertiefe und Zusammensetzung des Meerwassers wachsen an unterschiedlichen Orten verschiedene Algenarten. Algen lassen sich relativ leicht in Reinkulturen züchten und werden in küstennahen Gebieten hauptsächlich für industrielle Anwendungen und für Nahrungszwecke mit Spezialbooten geerntet. Meeresbiologen nutzen die sensiblen Reaktionen der Algen auf Verschmutzungen, um die Reinheit von Gewässern zu untersuchen.

Natürlich stellen aufgrund der riesigen Ausmaße der Ozeane die Salzwasseralgen den größten Anteil an der Algenproduktion für Industrie, Ernährung und Pharmazie dar, aber auch Süßwasseralgen, die ebenfalls in etwa 13 000 verschiedenen Arten anzutreffen sind, und in Seen oder Feuchtgebieten wachsen, werden vom Menschen genutzt.

Der Organismus der Algen

Algen gehören zusammen mit Pilzen, Flechten und Moosen zur botanischen Gruppe der Lagerpflanzen. Das sind die sogenannten niederen Pflanzen, deren Aufbau nicht in Wurzel, Sproß und Blätter unterteilt werden kann. Die Algen geben den Forschern viele Rätsel auf. Ihre Zellverbände können zu den bizarrsten Formen führen, die manchmal an Wurzeln, Blätter oder Stämme erinnern, oder wie Phantasiegebilde aus der Wunderwelt der Meere wirken. Jedoch ist allen Algen gemeinsam, daß ihre Zellen weitgehend undifferenziert, also in der Struktur annähernd gleich sind. Dennoch können sich die Zellen vielfältig zu den verschiedenartigsten Gestalten zusammenschließen und als Zellverband auch spezielle Aufgaben erfüllen, wie z. B. die Ausbildung von Haftarmen zum Festkrallen auf felsigem Untergrund. Die blaugrünen Algen gehören in die Gruppe der Moneren, der Einzeller ohne Zellkern, die goldenen Algen sind richtige Einzeller mit Kern (Protisten) und die ganzen restlichen Algenarten nehmen eine Zwischenstellung zwischen den Einzellern und den Pflanzen ein.

Algen sind die ältesten Lebewesen auf unserem Planeten, die Photosynthese betreiben können. Bei der Photosynthese wird Kohlendioxid aus Luft und Wasser mit Hilfe von Sonnenlicht und dem Farbstoff Chlorophyll in Glucose umgewandelt. Diese Glucose, also ein Zucker, steht der Pflanze dann als Energiequelle zur Verfügung. Bei diesem Vorgang wird an die Atmosphäre Sauerstoff abgegeben, der für Tiere und Menschen sowie für das gesamte Leben auf der Erde unbedingt notwendig ist.

Lebewesen der Urzeit
In Südafrika wurden fossile Ablagerungen von blaugrünen Algen gefunden, die identisch sind mit heute lebenden Algen. Diese Ablagerungen sind über drei Milliarden Jahre alt! Daran kann man erkennen, daß Algen zwar einen recht einfach strukturierten Organismus haben, sich aber dafür äußerst gut an sich wandelnde Lebensbedingungen angepaßt haben. Die Fähigkeit zur Photosynthese mittels Chlorophyll hat vor Milliarden von Jahren unseren Globus entscheidend verändert, da ohne Sauerstoff die höheren Lebensformen, wie sie heute existieren, niemals hätten entstehen können. Höchstwahrscheinlich waren es die Algen, die aufgrund ihrer großen Zahl und Verbreitung die Veränderung der Erdatmosphäre eingeleitet haben. In ihren Zellen enthalten alle Algen den grünen Pflanzenfarbstoff Chlorophyll, der dem roten Farbstoff unserer Blutkörperchen übrigens recht ähnlich ist. Dieselbe Form von Chlorophyll, die in den grünen Algen enthalten ist, findet sich auch in grünen Landpflanzen wie Farnen, Moosen und Blütenpflanzen. Daher vermuten die Biologen, daß die grünen Algen die Urahnen aller grünen Landpflanzen sind.

Farben- und Formenspiel im Algenreich
Der grüne Pflanzenfarbstoff Chlorophyll wird bei den Algen oft durch andere Farbpigmente überdeckt, die den Algen dann ein rotes, grünes oder braunes Aussehen geben. Der Gehalt

an unterschiedlichen Pigmenten führt zu der wissenschaftlichen Einteilung in Rot-, Blau-, Grün- oder Goldalgen.

Auch in Gestalt und Größe bieten die Algen eine Vielzahl verschiedene Erscheinungsformen. Winzige, mikroskopisch kleine Algen treiben als Bestandteil des Plankton in den Strömungen der Weltmeere und bilden so mit anderen im Wasser schwebenden Kleinstlebewesen die Nahrungsgrundlage für fast alle Meeresbewohner. Braune Algen dagegen können gigantische Zellzusammenschlüsse bilden, die mehrere hundert Meter lang werden und entweder frei im Meer treiben wie das Sargassum Seegras oder sich mit riesigen Tentakeln im Küstenbereich an Felsen festklammern wie das bekannte Kelp.

Algen gibt es überall

An welchen Orten im Meer welche Art von Algen zu finden ist, hängt von vielen Faktoren ab. So spielt die chemische Zusammensetzung des Wassers und des Meeresbodens eine große Rolle, genauso wie die Wassertiefe, in der man nach Algen sucht. Algen können sich auch an ausgesprochen extreme Lebenbedingungen anpassen. So haben Forscher in den nahezu 100 Grad Celsius heißen Quellen im Yellow Stone National Park blaugrüne Algen gefunden, aber auch unter einer dicken Eisschicht in einem See in der Antarktis. Auf den Bahamas wurden sogar noch in 270 Metern Tiefe rote Algen gefunden, tiefer als jede andere lichtabhängige Pflanze überhaupt existieren könnte. Die Farbpigmente ermöglichen es den Algen, bestimmte Wellenlängen des Lichtes aufzufangen, die für uns Menschen nicht mehr wahrnehmbar sind, aber bis in große Meerestiefen vordringen. Algen leben aber nicht nur in salzhaltigen Gewässern, auch im Süßwasser, also in Seen, Flüssen und Bächen und sogar in Pfützen, im feuchten Erdreich oder auf feuchten Steinen, gedeihen sie prächtig. Einige Algen können sogar als sogenannte Scheinschmarotzer oder Epiphyten auf Landpflanzen überleben. Sie zapfen ihre Wirtspflanzen dabei nicht als Nährstofflieferanten an, sondern nützen sie eigentlich nur zum Festhalten an einem Ort mit guten Lebensbedingungen, z. B. in einer sonnigen Baumkrone. In der Regel ist das Verhältnis von Wirt und Gast für beide von Vorteil. Eine Art, bei der sich zwei Organismen als Scheinschmarotzer ergänzen, sind z. B. die Flechten. Grünalgen und Pilze leben hier in einer Symbiose, das heißt in einer Gemeinschaft von gegenseitigem Nutzen, untrennbar zusammen. Der Pilz versorgt die Alge mit Wasser, diese gibt dem Pilz ein spezielles Kohlenhydrat, das er zum Leben braucht, aber nicht selbst herstellen kann.

Ernährung durch Osmose

Algen haben keine Wurzeln, über die sie Nährstoffe oder Wasser aufnehmen können, wie ihre nahen Verwandten, die Pflanzen. Deshalb müssen sie sich eines einfachen, genialen Tricks bedienen. Zugute kommt den Algen dabei, daß sie zum größten Teil ständig von Wasser umgeben sind, das reichlich mit Mineralien und anderen Nährstoffen ausgestattet ist. Die Algen, die auf dem Land leben, haben die Fähigkeit, ihre Nahrung aus dem Wasser zu ziehen sogar soweit perfektioniert, daß schon die Feuchtigkeit von Niederschlägen oder Tau ausreicht. Der Trick der Algen heißt Osmose und ist ein in der Natur allgegenwärtig anzutreffender Vorgang, der auf relativ einfachen physikalischen und chemischen Gesetzen beruht. Die Spurenelemente und Mineralien, die die Algen zum Leben brauchen, gelangen einfach durch die Zellwände ins Innere der Alge. Einen Mund, oder gar einen Verdauungsapparat, hat die Alge nicht, weil sie an jeder Stelle ihrer Oberfläche zur Osmose fähig ist, und sich jede einzelne Zelle so auf kürzestem Wege alles holen kann, was sie braucht. Das Grundprinzip der Osmose ist nämlich, daß sich an Zelltrennwänden (Membranen) zwischen zwei Flüssigkeiten mit unterschiedlich hoher Konzentration an gelösten Teilchen (z. B. Nährstoffen), ein Druckgefälle aufbaut, durch das der Stoffaustausch erfolgt. Die Wände der Algenzellen haben nun solche Membranen, die nur noch die für die Zelle wichtigen Stoffe durchlassen. Bemerkenswert ist, daß Algen eine relativ feste Zellhülle haben, und sie sich dadurch gut gegen Giftstoffe abschotten können. Sie lassen gezielt die für sie wichtigen Nährstoffe in das Zellinnere und hindern Gifte wirkungsvoll am Eindringen. Ist nun die Giftkonzentration im Wasser zu hoch, kommt die osmotische Ernährung zum Stillstand, die Algen sterben ab.

Viele Wege der Vermehrung

Algen vermehren sich meist auf relativ einfache Art: durch bloße Zwei- oder Mehrfachteilung, also auf ungeschlechtlichem Weg. Viele Arten bilden sogenannte Zoosporen, die sich unabhängig von der Ausgangspflanze zu einer neuen Alge entwickeln können, wenn sie auf geeignete Lebensbedingungen treffen. Auch die geschlechtliche Art der Vermehrung über verschieden ausgebildete, »männliche« und »weibliche« Zellen, wird bei den Algen angetroffen; diese Art der Fortpflanzung ist, verglichen mit höheren Pflanzen, wesentlich primitiver. Einige Algenarten durchlaufen in ihrer Vermehrung sogar einen Generationenwechsel. Das bedeutet, daß sich eine Generation, die männliche und weibliche Geschlechtszellen (Gameten) hervorbringt, abwechselt mit einer Generation, die ungeschlechtliche Sporen erzeugt.

Die größten Sauerstoffproduzenten

Eigentlich war ja der Sauerstoff, der bei der Photosynthese anfällt, vor Milliarden von Jahren eine Katastrophe für die damals existierenden Lebewesen, die z. B. über Gärungsprozesse ihre Nährstoffe aus komplexen Kohlenhydraten abbauten. Sauerstoff ist nämlich ein recht aggressives chemisches Element, das durch Oxidation chemische Reaktionen einleitet und biologische Prozesse massiv stören kann. So gibt es heute noch Lebewesen, die unter Luft-, bzw. Sauerstoffeinwirkung sofort absterben, die sogenannten Anaerobier. Ein Beispiel hierfür ist z. B. der Erreger des Wundstarrkrampfes Tetanus. Algen haben vor Urzeiten die Photosynthese »entdeckt« und dadurch begonnen, die Erdatmosphäre mit Sauerstoff anzureichern. Einerseits war das eine Katastrophe für unzählige Lebewesen, andererseits schuf dieser Prozeß aber die Grundlage für die Entwicklung der heute existierenden Flora und Fauna, einschließlich des Menschen. Etwa 70 Prozent des Sauerstoffes in unserer Atemluft wird in den Weltmeeren produziert, und »nur« rund 30 Prozent stellen die Landpflanzen, vor allem die tropischen Regenwälder, zur Verfügung. An der marinen Sauerstoffproduktion haben die Algen den größten Anteil.

> **Photosynthese**
> Bei der Photosynthese werden Kohlendioxid (CO_2) und Wasser (H_2O) mit Hilfe von Energie aus dem Sonnenlicht und dem Pflanzenfarbstoff Chlorophyll in Glucose ($C_6H_{12}O_6$) und Sauerstoff (O_2) umgewandelt. Die Glucose ist ein Zucker und somit Energiespeicher und Energielieferant für die Pflanze. Die Photosynthese ist der fundamentalste Stoffwechselvorgang aller Pflanzen und einiger Bakterienarten. Tierreich und Pflanzenwelt ergänzen sich hier auf ideale Weise: Tiere und Menschen brauchen Sauerstoff zum Einatmen und atmen Kohlendioxid aus, die Pflanzen beschreiten den umgekehrten Weg.

Die Zusammensetzung von Algen

Meeresalgen können in ihrem Lebensraum aus dem Vollen schöpfen. Das Meer ist ein riesiges Sammelbecken für alle organischen und anorganischen Bausteine, aus denen sich die Lebewesen dieser Erde zusammensetzen. Aus dieser gigantischen Vorratskammer können sich tausende verschiedener Algenarten nach Belieben bedienen. Ist das Wasser, in dem sie leben sauber, sind Algen ein idealer Nährstoffträger für die menschliche Ernährung. Bei zunehmender Verschmutzung des Wassers reichern sich Algen nicht mit Giftstoffen an, sondern hören auf zu wachsen und sterben ab. Algen enthalten die wichtigsten Mineralien und Spurenelemente, etwa zehn verschiedene Vitamine und annähernd 20 Aminosäuren, also Eiweißverbindungen, einige davon sind für den Menschen lebenswichtig, weil unser Organismus sie nicht selbst herstellen kann. Außerdem enthalten sie noch Koh-

Der Organismus der Algen

lenhydrate und einen – mit vier bis elf Prozent recht geringen Fettanteil. Die komplexen Zuckerverbindungen, die in Algen vorkommen, können von unserem Körper kaum verarbeitet werden, so daß sie einfach ausgeschieden werden. Dadurch ist die Kalorienaufnahme beim Verzehr von Algen sehr gering. Das reiche Angebot an lebenswichtigen Stoffen macht die Alge zu einem Biokatalysator, durch den der menschliche Stoffwechsel angeregt und die Entschlackung und Entlastung von Umweltgiften gefördert wird. Da die enthaltenen Eiweißverbindungen sehr hochwertig und auch Vitamine der B-Gruppe reichlich vorhanden sind, eignen sich Algen ausgezeichnet zur Versorgung von Vegetariern, denn diese Stoffe findet man ähnlich konzentriert sonst nur in tierischen Produkten. Abgesehen von der Aminosäure Methionin, die nicht im selben Maße vorliegt, kann sich das Eiweiß der Algen durchaus mit tierischem Eiweiß messen. Algen enthalten alle neun essentiellen Aminosäuren, die der Mensch mit der Nahrung aufnehmen muß.

Auch die Versorgung mit B-Vitaminen ist bei rein pflanzlicher Kost nicht immer gewährleistet: Algen können hier den nötigen Ausgleich schaffen.

Das Mineral Jod muß noch erwähnt werden, wenn man von Algen spricht. Jod ist für unseren Stoffwechsel von überragender Bedeutung, besonders für die Funktion der Schilddrüse, die sozusagen den Gashebel für unsere Stoffwechselaktivität darstellt. Der Tagesbedarf an Jod beträgt laut der Deutschen Gesellschaft für Ernährung etwa 0,2 Milligramm. Wie alle Meeresprodukte enthalten Algen reichlich Jod. Deshalb kann man einen beachtlichen Teil des Bedarfs durch den Verzehr von Meeresalgen oder durch die Einnahme von Al-

Aminosäurezusammensetzung verschiedener Algen und Nahrungsmittel (Prozent pro 100 Gramm)

	Aminosäure	FAO*	Spirulina	Chlorella	Scenedesmus	Hühnerei	Sojabohne
essentiell	Isoleucine	4,0	6,7	3,5	3,6	5,8	5,3
	Leucin	7,0	9,8	6,1	7,3	9,0	7,7
	Valin	5,0	7,1	5,5	6,0	7,8	5,3
	Phenylalanin		5,3	2,8	4,8	5,9	5,0
	Tyrosin	6,0	5,3	2,8	3,2	4,2	3,7
	Lysin	5,5	4,8	10,2	5,6	6,6	6,4
	Methionin		2,5	1,4	1,5	4,0	1,3
	Cystin	3,5	0,9	0,2	0,6	2,2	1,9
	Tryptophan	1,0	0,3	2,1	0,3	1,9	1,4
	Threonin	4,0	6,2	2,9	5,1	5,0	4,0
nicht essentiell	Arginin		7,3	15,8	7,1	6,2	7,4
	Asparaginsäure		11,8	6,4	8,4	11,0	1,3
	Glutaminsäure		10,3	7,8	10,7	12,6	19,0
	Glycin		5,7	6,2	7,1	4,2	4,5
	Histidin		2,2	3,3	2,1	2,4	2,6
	Prolin		4,2	5,8	3,9	4,2	5,3
	Serin		5,1	3,3	3,8	6,9	5,8
	Alanin		9,5	7,7	9,0		5,0

* FAO = Empfehlung für ein optimales Aminosäuremuster

Der Organismus der Algen

Die wichtigsten Inhaltsstoffe von Algen	
Die wichtigsten Mineralstoffe	Die wichtigsten von über 30 Spurenelementen
Kalium Natrium Kalzium Magnesium Phosphor Jod	Zink Chrom Fluor Nickel Eisen Molybdän Kupfer Zinn Mangan Silicium Kobalt Vanadium Selen Arsen
Die wichtigsten von ca. zwölf Vitaminen	Die wichtigsten von ca. 20 Proteinen (* = essentielle Aminosäuren)
Vitamin A Biotin (B_8) Vitamin B_1 Vitamin B_{12} Vitamin B_2 Folsäure Niacin (B_3) Vitamin C Pantothen- Vitamin D_3 säure (B_5) Vitamin E Vitamin B_6	Histidin* Tryptophan* Isoleucin* Valin* Leucin* Asparagin- Lysin* säure Methionin* Glutamin- Phenylalanin* säure Threonin* Alanin

genpräparaten decken. Wenn Sie an Jodallergie oder Schilddrüsenüberfunktion leiden, sollten Sie vorsichtshalber ihren Therapeuten befragen, bevor Sie Algen oder Algenpräparate konsumieren. Eventuell brauchen nur andere jodhaltige Nahrungs- oder Arzneimittel reduziert werden, und Sie können trotzdem in den Genuß der heilsamen Algenkost kommen.

Nicht nur im Meer ist die Fülle

Süßwasseralgen haben wir in unserer Aufzählung bislang zu Unrecht vernachlässigt. Sie enthalten ähnlich wie die Meeresalgen alle wichtigen Nährstoffe, Mineralien und Vitamine. In mancherlei Hinsicht scheinen sie den Meeresalgen sogar überlegen zu sein. So haben sie mit ca. 60 bis 70 Prozent einen höheren Anteil an wertvollen Eiweißstoffen und Aminosäuren als Meeresalgen (ca. 20 bis 30 Prozent). Außerdem enthalten sie große Mengen an Beta-Carotin, einer Vorstufe des Vitamin A, das für den Sehvorgang ungeheuer wichtig ist. Beta-Carotin scheint auch als Antioxidans, vor allem zusammen mit Vitamin E, eine große Rolle bei der Therapie verschiedener Erkrankungen, unter anderem Krebs, zu spielen. Der mit elf Prozent relativ hohe Fettgehalt der Süßwasseralgen begünstigt die Aufnahme von Beta-Carotin im Verdauungstrakt.

Darüber hinaus enthalten Süßwasseralgen drei- bis viermal soviel Chlorophyll wie die meisten Meeresalgen. Chlorophyll ist bei der Herstellung verschiedener Industrieprodukte von großer Wichtigkeit und besitzt gleichzeitig einen hohen Wert für die Gesundheit. Es ist nämlich in seiner Struktur dem roten Blutfarbstoff Hämoglobin sehr ähnlich und hat tatsächlich eine positive Wirkung auf die Blutbildung.

So zeigt sich bei genauer Betrachtung schnell, daß alle Algen, die für die Ernährung, zur Arzneimittelherstellung oder zur Schönheitspflege genutzt werden, überaus reich an den wertvollsten Schätzen der Natur sind. Natürlich schwankt der Gehalt der einzelnen Inhaltsstoffe zwischen den Algenarten z.T. erheblich. Auch spielt es eine große Rolle, welche Zusammensetzung das Wasser hat, in dem die Algen wachsen, und zu welcher Jahreszeit diese Meerespflanzen geerntet wurden. Der Erntezeitpunkt ist von größter Wichtigkeit, wenn man ein Produkt mit möglichst hohem Wirkstoffgehalt bekommen will. Algen, die nah an der Meeresoberfläche gedeihen, werden im Frühjahr geerntet, während die tiefer lebenden Arten ihre Hauptwachstumszeit in Sommer und Herbst haben und erst dann geerntet werden.

Im großen Stil werden Algen z. B. an der bretonischen Küste in Frankreich angebaut, und natürlich an den Küsten Japans, in großbritannischen Gewässern und an der Küste Kaliforniens. Im folgenden werden wir auf die meistverwerteten Algen und auf die Besonderheiten hinsichtlich ihrer Zusammensetzung eingehen.

Die verschiedenen Algenformen

Bei über 30 000 verschiedenen Algenarten, die bisher gefunden wurden, liegt es natürlich nahe, diese nach ihrem Lebensraum, ihrer Farbe und Größe und anderen biologischen Merkmalen einzuteilen. So kennen die Meeresbiologen Algen, die als Einzeller in riesigen Schwärmen im Meer treiben, während andere Algen komplexe Gebilde, sogenannte Pflanzenthalli, bilden, die sich in ihren bizarren Formen aus Millionen von einzelnen Algenzellen zusammensetzen. Von der ungeheuren Vielzahl an Algen wurden bis heute etwa 800 Arten näher erforscht.

Thallus
»Thallus« ist die wissenschaftliche Bezeichnung für den Vegetationskörper sogenannter niedriger Pflanzen, der nicht in echte Organe gegliedert ist, sondern aus einer Ansammlung wenig differenzierter Zellen besteht. Bei den großen Braunalgen, die auch als Tange bezeichnet werden, sind diese Thalli recht kompliziert gegliedert, und die Zellen betreiben schon eine Art von Arbeitsteilung, um die Lebensfunktionen der ganzen Pflanze aufrechtzuerhalten.

Die Farbpigmente ermöglichen es den Algen, je nach Wassertiefe und Zusammensetzung des Wassers, in dem sie leben, den Anteil des Tageslichtes, der durch die Wasseroberfläche zu ihnen hindurchdringt, optimal für die Photosynthese zu nutzen. So können die Rotalgen mit Hilfe ihres Pigmentfarbstoffes Phycoerythrin das wenige Licht, das in größere Tiefen vordringt, so gut nutzen, daß es für ihre Energieerzeugung ausreicht.

Die Haupteinteilung der Algen erfolgt deshalb nach ihrer Färbung, bzw. nach den in ihnen enthaltenen Farbpigmenten. In fast allen Hauptgruppen gibt es Algen, die im Salz- sowie im Süßwasser vorkommen, allerdings haben sich die Algenarten der einzelnen Gattungen oft auf einen bestimmten Lebensraum spezialisiert und dort ihre Artenvielfalt entwickelt.

Die fünf Hauptgruppen der Algen

Die Goldalgen (Chrysophytae)
Sie sind mit etwa 13 000 Arten noch vor den Grünalgen die artenreichste Algengruppe. Goldalgen sind einzellig, manche Arten mehrzellig, schlauchförmig und beleben milliardenfach das Meer und auch das Süßwasser. Mit ca. 10 000 Arten stellen die sogenannten Kieselalgen die größte Untergruppe der Goldalgen. Im Meer bilden die einzelligen marinen Kieselalgen den größten Teil des Phytoplanktons. Das Plankton ist die Ansammlung mikroskopisch kleiner pflanzlicher und tierischer Nährstoffe, die die Nahrungsgrundlage der größeren Meeresbewohner darstellt (z. B. Wale). Fossile Kieselalgen, also solche, die bereits vor Urzeiten gelebt haben, bilden auf dem Meeresgrund meterdicke Ablagerungen, die in vielen Bereichen der Industrie genutzt werden können. Man nennt diese Ablagerungen Kieselgur oder Diatomeenerde.

Die Grünalgen (Chlorophytae)

Diese Gruppe kommt in bezug auf den Artenreichtum gleich nach den Goldalgen. Schließlich sind über 10 000 bekannte Arten auch eine ganze Menge! Die Grünalgen gibt es überall auf der Erde und sie leben zu 90 Prozent im Süßwasser. Die Meeres-Grünalgen sind meist in Küstennähe zu finden, weshalb Grünalgen für das Plankton kaum eine Rolle spielen. Grünalgen sind auch auf dem Land in feuchtem Boden oder als Bestandteil von Flechten zu finden. Im Gegensatz zu den winzigen Goldalgen reicht ihr Erscheinungsbild von mikroskopisch klein bis zu den hochorganisierten, umfangreichen Pflanzenthalli. Im Süßwasser können sich mikroskopisch kleine Vertreter dieser Algen explosionsartig vermehren und das Wasser regelrecht grün einfärben. Bestimmte Arten wachsen sogar auf arktischen Schneefeldern, denen sie dann paradoxerweise eine deutliche Rotfärbung (der sog. »blutige Schnee«) verleihen. Einige Grünalgen werden systematisch gezüchtet und dienen der menschlichen Ernährung sowie medizinischen Zwecken, wie dies z. B. bei der Chlorella oder der Spirulina der Fall ist.

Die Rotalgen (Rhodophytae)

Mit rund 4000 verschiedenen bekannten Arten ist die Gruppe der Rotalgen zahlenmäßig auch nicht zu verachten. Von den Rotalgen gibt es nur ganz wenige Süßwasseralgen, z. B. die sogenannte »Froschlaichalge«. Die meisten Rotalgen leben im Küstenbereich der wärmeren Ozeane. Ihre Farbe verdanken diese Algen der Florideenstärke, einem Kohlenhydrat, das durch die Einlagerungen von Jodmolekülen rötlich gefärbt ist. Die Florideenstärke dient den Algen als Nahrungsvorrat für schlechte Zeiten. Neben einigen für Nahrung und Arznei nutzbaren Arten gibt es die sogenannten Korallenkalkalgen, die von großer Bedeutung für die Korallenriffe der tropischen Meere sind. Sie haben nämlich die Fähigkeit, Kalk anzulagern und sind somit wesentlich am Aufbau der Riffe beteiligt.

Die Blaualgen oder blaugrünen Algen (Cyanophytae)

Diese Abteilung der Algen ist auf dem ganzen Globus mit etwa 2000 Unterarten verbreitet. Die meisten Blaualgen leben im Süßwasser, einige sogar in Thermalquellen mit über 90 Grad Celsius heißem Wasser! Sie gehören zu den ältesten sauerstoffproduzierenden Lebensformen dieser Erde. Blaualgen haben mit Sicherheit wesentlich zur Bildung der Erdatmosphäre beigetragen, die uns in Erdnähe einen Anteil von 21 Prozent Sauerstoff zum Atmen bereitstellt. Andere Biotope für Blaualgen sind feuchte Böden, Felsen und modrige Baumstämme. Sie sind auch häufig an der Bildung von Flechten beteiligt. Vom Aufbau ihrer Zellen her ähneln Blaualgen den Bakterien, weil ihnen ein echter Zellkern fehlt. Dies ist wieder ein Hinweis auf ihre tiefe Verstrickung in das Geschehen der Evolution. Unter ungünstigen Bedingungen kann sich die Blaualge Microcystis flos-aquae rasend schnell vermehren und die Gewässer mit der für Fische giftigen »Wasserblüte« förmlich überziehen.

Die Braunalgen (Phaeophytae)

Auch von dieser Algenfamilie kennen die Botaniker an die 2000 verschiedenen Arten. Im Gegensatz zu den Blaualgen, die ja das Süßwasser als Lebensraum bevorzugen, sind Braun-

Die fünf Hauptgruppen der Algen

Verteilung der wichtigsten Farbpigmente in Algen					
Pigmente	*Goldalgen*	*Grünalgen*	*Rotalgen*	*Blaualgen*	*Braunalgen*
Chlorophyll A	X	X	X	X	X
Chlorophyll B	X	X			
Karotin	X	X	X	X	X
Xanthophyll	X	X			X
Phycocyan (blau)			X	X	
Phycoerythrin (rot)			X*	(X)	
Fucoxanthin (braun)					X
* und Florideen Besonders Chlorophyll und Karotinoide besitzen einen hohen Wert für die Gesundheit.					

algen bis auf drei seltene Arten nur im Salzwasser zu finden. Am wohlsten fühlen sie sich in den gemäßigten und kalten Zonen der Meere. Sie halten sich meist mit Hilfe von speziell ausgebildeten Greifarmen am felsigen Meeresgrund fest. Einzeller gibt es unter den Braunalgen nicht, aber dennoch reicht das Größenspektrum von winzigen Zellverbänden bis hin zu dem manchmal mehrere hundert Meter langen Birntang (Macrocystis pyrifera). Auch die Gattung Nereocystis wird bis zu 100 Meter lang. An den Küsten des Pazifiks von Alaska bis Kalifornien gibt es große Bestände. Mehrere Braunalgenarten werden für die menschliche Ernährung, für medizinische Zwecke, als Düngemittel oder für andere industrielle Her-

Die verschiedenen Algenformen

stellungsprozesse genutzt. Braunalgen enthalten große Mengen Alginsäure, die als Emulgator und Verdickungsmittel für die Lebensmittelindustrie von großer Bedeutung ist. Dank ihrer Fähigkeit, Schwermetalle zu binden, spielt diese Substanz auch in der Heilkunde eine wichtige Rolle.

Die Algenarten im Überblick

Wir wollen im folgenden die für Ernährung, Schönheitspflege und Gesundheit wichtigsten Algenarten in Meeres- und Süßwasseralgen einteilen, auf ihre speziellen Anwendungsmöglichkeiten hinweisen und besonders wichtige Inhaltsstoffe erläutern.

Meeresalgen	
Wakame	Nori
Kombu/Kelp	Agar-Agar
Arame	Carragheen (Chondrus crispus)
Hiziki	Blasentang/Knotentang
Dulse	Meeressalat

Süßwasseralgen
Scenedesmus
Klamath-Alge
Chlorella

Blaubakterien bzw. Blaualgen
Spirulina

Die Meeresalgen

Die bei uns erhältlichen Speisealgen kommen entweder aus Japan oder aus der Bretagne. Zum Glück sinkt der Nährstoffgehalt der Algen durch die Trocknung kaum. In der Bretagne wird zur Zeit an eßbaren Algen nur die Wakame oder Undaria gezüchtet, eine Braunalgenart. Die anderen Algen werden hauptsächlich von Japan aus in alle Welt exportiert. In Japan selbst stieg z. B. der Bedarf an Wakame in den letzten zwei Jahrzehnten um rund das Zehnfache, während in den USA und in der übrigen westlichen Welt der Verbrauch nur langsam ansteigt, obwohl Algen vor allem in den Küstengebieten traditionelle Bestandteile der Nahrung waren. Die Algenform Dulse z. B. ist im Nordatlantik beheimatet und wurde auf beiden Seiten des Ozeans in ihren verschiedenen Unterarten schon vor langer Zeit für die Küche verwendet. So brachten irische und britische Einwanderer die keltische Sitte, die Algenart Rhodymenia palmata zu essen, nach Amerika. Für die Indianer der nordamerikanischen Küstengebiete war das allerdings Schnee von gestern, sie nutzen Algen schon lange als Nährstoffquelle.

Wakame

Wakame oder Undaria pinnatifida kommt ursprünglich aus Japan, mundet aber aufgrund ihres angenehmen, milden Geschmacks auch den westlichen Gaumen. Dies bestätigt die Tatsache, daß sie in Frankreich angebaut wird. Sie gehört zur Gattung der Braunalgen. Von den Küstenbewohnern der westlichen Welt wurde früher eine der Wakame recht ähnliche Alge gegessen, die Alaria. Sie ist jedoch fast ganz in Ver-

Die verschiedenen Algenformen

gessenheit geraten. Nahezu der gesamte Verbrauch an Wakame und in neuerer Zeit auch wieder an Alaria wird aus der Algenzucht gedeckt. Die wild wachsenden Sorten sind etwas knackiger und behalten beim Kochen eine festere Konsistenz. Wie bei allen Braunalgen vermag die enthaltene Alginsäure durch ihr sehr hohes Bindungsvermögen den Darm von Giften und Schwermetallen zu reinigen. Nicht nur für den Feinschmecker ist Wakame ein Begriff, auch in der Schönheitspflege werden diese und andere Braunalgen eingesetzt. Die Salze der Alginsäure, die Alginate, haben nämlich die Eigenschaft, kosmetische Produkte wunderbar streichfähig zu machen und schnell in die Haut einziehen zu lassen. Außerdem helfen die Alginate der Haut, Wasser einzulagern und zu speichern, was ihr ein frischeres und glatteres Aussehen verleiht.

Von den Mineralstoffen, die in Wakame reichlich vorhanden sind, seien vor allem Magnesium, Kalzium, Kalium, Schwefel, Phosphor, Selen und Eisen erwähnt, außerdem Vitamine der B-Gruppe und Vitamin C. Wakame wächst in sechs bis zwölf Meter tiefem Wasser; geerntet wird im Frühling, normalerweise von Booten aus, die mit speziellen Vorrichtungen ausgerüstet sind. Die Pflanzen werden entweder gleich getrocknet, oder vorher noch kurz blanchiert. Durch das Eintauchen in siedendes Wasser und das anschließende Abschrecken mit kaltem Wasser erhält die Alge eine frische grüne Farbe und kann länger auf dem heimischen Markt als Frischgemüse verkauft werden; außerdem werden durch das Blanchieren Mikroorganismen abgetötet, die den Fermentationsprozeß bei der Trocknung behindern könnten.

Die Meeresalgen

Kombu/Kelp

Kombu, im Westen besser bekannt als Kelp, gehört ebenfalls zur Gattung der Braunalgen. Kelp ist ein wesentlicher Bestandteil der japanischen Küche. Kombu faßt eigentlich als Sammelbegriff eine ganze Reihe von Algen zusammen, die zur Familie der Laminariae gehören. Aufgrund ihrer Form und der beachtlichen Größe, die diese Algen erreichen können, werden sie auch als Tang bezeichnet. Zuckertang, Riementang und Fingertang sind gängige Sorten, die unter dem Begriff Kombu (oder Kelp) laufen. Wie schon bei der Sorte Wakame, entfaltet der hohe Alginsäuregehalt auch bei Kombu einen heilsamen Effekt auf die Darmfunktionen des Menschen.

Außerdem enthält Kombu die sogenannte Glutaminsäure, das ist die natürliche Form des künstlich hergestellten Geschmacksverstärkers Natriumglutamat. Natriumglutamat kann bei Menschen, die darauf allergisch reagieren, zu heftigem Unwohlsein führen, dem sogenannten »China-Food-Syndrome«. Durch die natürliche Glutaminsäure verbessert Kombu dagegen den Geschmack der Speisen auf verträgliche Art und trägt dazu bei, sie schneller weich zu machen. Kombu ist eines der vitamin- und mineralstoffreichsten Meeresgemüse überhaupt. Der Gehalt an den Vitaminen B_1 und C sowie an den Mineralstoffen Eisen, Kalzium, Phosphor und Chlor ist beachtlich. Auch der Jodgehalt liegt ausgesprochen hoch, was sich anregend auf den Stoffwechsel und hemmend auf die Kropfbildung auswirkt.

Die verschiedenen Algenformen

Arame

Auch Arame (botanisch: Eisenia bicyclis) gehört zur Gattung der Braunalgen und zählt wie Kombu zur Familie der Laminariae. Allerdings hat Arame eine etwas andere Konsistenz als Kombu. Aber das ist nicht der einzige Grund, weswegen sie hier extra aufgelistet wird. Arame entwickelt im Meer große und sehr zähe, blattähnliche Formen, die nach der Ernte erst einmal speziell behandelt werden müssen, um in der Küche Verwendung zu finden. Die Arame-»Blätter« werden nach der Ernte zuerst einmal in schmale Streifen geschnitten und dann mehrere Stunden lang weich gekocht. Dadurch erhält Arame einen milden Geschmack und kann nach einer kurzen Einweichzeit zu Hause relativ schnell gar gekocht werden. Was Arame so besonders macht, ist der große Gehalt an Mannit, einem natürlichen Zuckerstoff, der ihr einen leicht süßlichen Geschmack verleiht. Arame wächst auf beiden Seiten des Pazifiks in felsiger Meereslandschaft. Sie wird in erster Linie auf der Halbinsel Izu geerntet, die auf der pazifischen Seite Japans liegt. Arame muß immer von Wasser bedeckt sein, deshalb findet man sie immer unterhalb des Meerespegels – auch bei Ebbe. Was schon über Braunalgen in bezug auf ihre reinigende Wirkung gesagt wurde, gilt ebenfalls für Arame. Auch diese Alge ist besonders reich an Jod und anderen Mineralien, hauptsächlich an Kalium. Außer in der Küche wird Arame traditionell in der Medizin bei Bluthochdruck, Arterienverkalkung und zur Behandlung von Frauenleiden eingesetzt.

Die Meeresalgen

Hiziki

Hiziki (Cystophyllum Hizikia fusiforme) ist eine Braunalge, mit den für diese Algenart typischen Grundeigenschaften. Sie hat eine feste Konsistenz und einen nussigen, leicht süßlichen Geschmack, den Liebhaber von Meeresgemüsen sehr schätzen. Der Bedarf an Hiziki kann zur Zeit in Japan kaum gedeckt werden, so beliebt ist diese Alge in der dortigen traditionellen Küche. Hiziki hat ein buschähnliches Aussehen, wird etwa bis zu einem Meter groß und entwickelt fadenartige »Blätter«. Knapp unterhalb der Erdoberfläche überziehen die Hiziki-Pflanzen die Felsen wie ein Teppich. Hiziki wächst überwiegend im Fernen Osten. Geerntet wird sie zwischen Januar und Juni, also im Frühjahr, wenn die Pflanzen am größten sind. Die Hiziki-Alge zeichnet sich besonders durch ihren enormen Kalziumgehalt aus. Verschiedene Analysen bescheinigen der Alge einen zehn bis 14mal höheren Kalziumgehalt als der Kuhmilch. So kann dieses Meeresgemüse besonders für Milcheiweißallergiker zu einer wertvollen Kalziumquelle werden. Natürlich enthält Hiziki auch zahlreiche andere Vitalstoffe, die für den menschlichen Stoffwechsel förderlich sind. Bis zu 30 Prozent ihres Gewichts im getrockneten Zustand wird bei dieser Alge von Mineralien und Spurenelementen gebildet! Traditionell wird Hiziki zur Regulierung des Blutzuckerspiegels und als Nährstoffquelle für schönes, kräftiges Haar und gesunde Nägel verwendet. Zur Vorbeugung des Knochenschwundes kann Hiziki ebenfalls einen wertvollen Beitrag leisten. Diese Alge hat eine enorme Quellfähigkeit und verfünffacht ihr Volumen während der Einweichzeit, die vor dem Kochen nötig ist. Sie braucht eine längere Kochzeit als die meisten anderen Algen, belohnt die Mühe aber mit ihrem guten Geschmack. Ihr relativ hoher Salzgehalt läßt sich durch zwei- bis dreimaliges Wechseln des Einweichwassers gut abmildern.

Dulse

Dulse ist eigentlich eine Sammelbezeichnung für eine Gruppe von Rotalgen. Von den Bewohnern nordatlantischer Küstenregionen wurde die Gattung Rhodimenia und im asiatischen Raum die Sorte Porphyra laciniata, auch Nori oder Laver genannt, in großen Mengen verzehrt. Nori spielt noch heute in der japanischen Küche eine große Rolle und verdient deshalb ein eigenes, kleines Kapitel in dieser Auflistung. Rhodimenia hingegen wurde schon von keltischen, normannischen und später auch irischen Küstenbewohnern gegessen und diente auch den Kriegern dieser Völker als Kraftnahrung und Mineralzufuhr bei anstrengenden Märschen und langen Schiffahrten über den stürmischen Atlantik. Auch bei den Völkern Islands, Alaskas sowie den nordamerikanischen küstennah beheimateten Indianern war die Alge bekannt und beliebt. Übrigens kann man getrocknete Dulse sogar noch heute in schottischen Pubs gelegentlich als kleinen Snack zum Bier bekommen. Im großen und ganzen ist der Verbrauch von Dulse im Westen jedoch kaum erwähnenswert, was sich aber angesichts des hohen Nährwertes dieser Algen vielleicht im Zuge eines gestiegenen Gesundheitsbewußtseins bald ändern könnte. Die Pflanze ist mit 15 bis 30 Zentimetern für eine vielgenutzte Speisealge relativ klein und wächst im felsigen, bewegten Wasser unter der Gezeitengrenze. Zwischen Mai und Oktober werden die dünnen, weichen und blattähnlichen Algen geerntet und einfach von Sonne

Die Meeresalgen

und Meereswind getrocknet. Mit ca. 25 Prozent Eiweißanteil gehört Dulse zu den eiweißhaltigsten Meeresalgen überhaupt. Auch der Mineralgehalt ist auffallend hoch. Dulse enthält reichlich Kalium, Magnesium, Jod und Phosphor. Am bedeutendsten ist aber der Eisengehalt von Dulse. Er beläuft sich auf das fünf bis 20fache anderer Meeresgemüse. Deshalb wirkt der Konsum von Dulse kräftigend auf das Blut und empfiehlt sich bei Eisenmangelanämie. Die hohe Konzentration an B-Vitaminen und vor allem an Vitamin C kam schon den britischen Seefahrern der letzten Jahrhunderte zugute, die Dulse als »Kaugummi« an Bord hielten und dadurch im Gegensatz zu anderen Seefahrern vor Vitaminmangelkrankheiten wie Skorbut verschont blieben. Dulse verleiht den Gerichten einen würzigen Geschmack und sieht wegen ihrer roten Farbe auch sehr appetitlich aus. Sie paßt gut zu Getreidegerichten und Salaten.

Nori

Wie schon erwähnt ist Nori oder Laver ein unverzichtbarer Bestandteil der japanischen Küche. Durch das in Japan so überaus beliebte Sushi entstand dort geradezu ein Norikult. Die getrocknete, in dünne Blätter gepreßte Norialge dient nämlich zum Einwickeln der Sushi genannten Reishappen, die in Japan zu jeder Gelegenheit verzehrt werden. Nori wird ausschließlich im Fernen Osten kultiviert. In Japan wird im Winter geerntet. Um diese Alge hat sich dort eine riesige Industrie mit mehr als einer Viertelmillion Beschäftigten entwickelt, die mit hohem technischen Qualitätsstandard große Mengen Noriblätter für die Anwendung in der traditionellen Küche produzieren. Wild gewachsene Nori schmecken strenger als die gezüchtete Pflanze, enthalten aber auch mehr Mineralstoffe. Nori kann trotz ihrer Zugehörigkeit zu den Rotalgen grün, braun oder pupurrot sein. Von der Nährstoffdichte gilt annähernd das gleiche, was von Dulse gesagt wurde, nur der Eisengehalt ist etwas niedriger. Dafür besitzt die Nori aber fettbindende Eigenschaften, wodurch sie eine gute Beilage zu fettem Essen ist, weil sie den Blutfettspiegel günstig beeinflußt.

Agar-Agar

Agar-Agar, oder einfach kurz Agar, ist in Japan unter dem Namen Kanten bekannt. Kanten heißt übersetzt »kalter Himmel«. Agar-Agar ist eigentlich nicht die Bezeichnung für eine Alge, sondern der Name eines Algenproduktes. Agar-Agar wird nämlich als rein pflanzliches, kalorienfreies Geliermittel in großen Mengen in der Lebensmittelindustrie für Marmeladen, Sülzen und als Stabilisierungsmittel in Fleischkonserven verwendet. Seit einigen Jahren kann man es auch in Naturkostläden und Reformhäusern zur Verwendung in der heimischen Küche finden. Die moderne medizinische Forschung nutzt Agar-Agar als neutralen Nährboden für Bakterienkulturen.

Agar-Agar wird aus den Rotalgen Gracilaria und Gelidium gewonnen, die in ihrer natürlichen Form einen strengen und fauligen Geschmack haben und deshalb nicht genießbar sind. Charakteristisch für diese Algen sind die komplexen Mehrfachzucker in ihren Zellwänden, die der Zellulose ähneln. Durch mehrere Verarbeitungsschritte wird der Geschmack neutralisiert und die Stärke zur Nutzung als Geliermittel herausgelöst. Während die Industrie in der Regel Schwefelsäure,

Die Meeresalgen

anorganische Bleichmittel und Farbstoffe verwendet, um Agar-Agar auf schnelle Weise in Pulver- oder Stangenform herzustellen, kann man in Naturkostläden meistens auf natürliche Art erzeugte Agar-Agar erhalten. Es ist allerdings aufgrund des großen zeitlichen Aufwands deutlich teurer als die Industrieware, dafür aber naturrein und unbelastet von Lösungs- und Farbstoffen. Traditionell wird die Alge nach der Ernte in der Sonne getrocknet und im Winter in die Berge geschafft, wo man sie mit mildem Essig weichkocht. Dabei entsteht eine suppige Flüssigkeit, die zum Erstarren in Formen gefüllt wird. So entstehen Agarstangen, die nun etwa zwei Wochen lang dem Nachtfrost und tagsüber der Sonne ausgesetzt werden. Dadurch gefrieren nachts die Wassermoleküle und verdunsten am Tag. Es handelt sich dabei um eine altertümliche Form des modernen Gefriertrocknens. Das Endprodukt sind leichte, fast wasserfreie Agarstangen, die dann in verschiedene Formen geschnitten in den Handel kommen. Durch die Einwirkung der Naturkräfte wird der ursprünglich unangenehme Geschmack auch völlig eliminiert. Fruchtige Gelees, die mit Agar-Agar geliert wurden, schmecken erfrischend und bleiben auch bei heißem Wetter fester als diejenigen, die mit aus Knochenmehl erzeugter Gelatine zubereitet wurden. Beim Kochen mit Agar-Agar muß man nur beachten: Je säurehaltiger die Früchte sind, um so mehr Agar wird zum Gelieren benötigt.

Carragheen

Auch Carragheen ist, wie Agar-Agar, die gebräuchliche Bezeichnung für eine Alge, bzw. für ein Algenprodukt. Der botanisch korrekte Name dieser Alge ist Chondrus crispus. Be-

Die verschiedenen Algenformen

kannt ist sie auch noch unter der Bezeichnung Irisches Moos. Carragheen wächst in großen Mengen an der Atlantikküste Nordeuropas, aber auch in den gemäßigten Zonen beiderseits des Atlantiks. Traditionell wurde diese Alge in der irischen Ortschaft Carragheen geerntet, daher auch ihr Name. Die blattähnlichen Thalli, die immer unterhalb der unteren Gezeitengrenze im felsigen Gebiet zu finden sind, werden im Spätsommer von Hand geerntet. Es muß hierbei nämlich achtgegeben werden, daß die Greifarme, mit denen sich Carragheen am felsigen Untergrund festhält, erhalten bleiben, um den Fortbestand der Algenvegetation nicht zu gefährden. Carragheen ist eine Rotalge und wird 15 bis 30 Zentimeter groß. Wie Agar-Agar wird Carragheen auch als Gelier- und Verdickungsmittel eingesetzt. Ihre bindende Eigenschaft beruht auf einem hochkomplexen Stärkemolekül, dem Carragheenan. Allerdings ist die Gelierfähigkeit nicht so hoch wie bei Agar-Agar. Dafür muß Carragheen nicht kompliziert aufbereitet werden, sondern wird nach der Ernte einfach in der Sonne getrocknet und dann verpackt. Carragheen enthält große Mengen an Mineralien und besonders viel Vitamin A. Dadurch steigert es den Nährwert der damit eingedickten Nahrungsmittel. Carragheen wird auch gerne als stabilisierender und Geschmeidigkeit verleihender Bestandteil von kosmetischen Produkten verwendet. Wie das Algin der Braunalgen gibt auch Carragheenan der Haut ein frischeres Aussehen, weil es feuchtigkeitsbindend wirkt.

Nicht zu unterschätzen ist die heilende Wirkung von Irischem Moos bei Erkrankungen der Atmungsorgane. Besonders bei Husten, Bronchitis und Verschleimung der Lunge wird es in der traditionellen Naturheilkunde vielfach eingesetzt. Auch bei Durchfall und Beschwerden der Harnorgane kann Carragheen als unterstützendes Naturheilmittel nützlich sein.

Blasen- und Knotentang

Die Braunalgen Fucus vesiculosus und Ascophyllum nodosum sollen wegen ihres außergewöhnlich hohen Jodgehaltes auch noch erwähnt werden. Aus dem jodhaltigen Fucus (Blasentang) werden pharmazeutische Präparate zur Anregung des Stoffwechsels hergestellt. Dem Schleimstoff Fucoidin, der die Alge bei Ebbe vor dem Austrocknen schützt, werden sogar immunstärkende und Krebs abwehrende Eigenschaften zugesprochen. Fucus vesiculosus enthält auch große Mengen an Vitamin C und ist deshalb ein geeignetes Mittel zur Behandlung von Schilddrüsenunterfunktion, Jodmangelkropf sowie von rheumatischen und gichtischen Erkrankungen des Bewegungsapparates.

Für kosmetische Produkte werden diese »Jodalgen« ebenfalls genutzt. Die Gelsubstanz der Algen ist ein ideales Medium, um Wirkstoffe in die menschliche Haut einzuschleusen; außerdem wirkt das Jod zusätzlich noch anregend auf den Zellstoffwechsel im Unterhautgewebe. Deshalb wird jodhaltige Algenkosmetik besonders bei Orangenhaut (Cellulitis) eingesetzt.

Meeressalat

Ulva lactuca, der Salat aus dem Meer, ist eine zarte und schmackhafte Grünalge, die von Feinschmeckern sehr geschätzt wird. Sie wächst im felsigen Küstenbereich und ragt bei Ebbe oft über den Wasserspiegel.

Sie wird gerne für Saucen oder zur Dekoration verwendet, weil sie eine hübsche zartgrüne Farbe hat. Außerordentlich hoch ist ihr Vitamin-C-Gehalt, der den von Orangen um ein Zehnfaches übertrifft. Erstaunlich hoch ist ebenfalls die Konzentration an Vitamin A. Dieses Vitamin spielt für die Sehkraft eine große Rolle. Auch im kosmetischen Bereich wird Ulva oft verarbeitet, weil sie Feuchtigkeit spendet und die Haut entspannt.

Die Süßwasseralgen

Die Vegetation im Süßwasser besteht neben Moosen und vielen Blütenpflanzen hauptsächlich aus Algen. Anders als ihre Verwandten aus dem Meer enthalten die Süßwasseralgen nicht mehr Jod als andere Gemüse, die auf dem Land wachsen. Dies ist ein erheblicher Vorteil für Menschen, die an einer Schilddrüsenüberfunktion leiden. Sie brauchen nämlich nicht auf eine Kost zu verzichten, die einen hohen Gehalt an Eiweiß, Mineralien und Vitaminen besitzt. Trotz des enormen Artenreichtums bei den Süßwasseralgen werden nur einige wenige Sorten für die menschliche Ernährung kultiviert und genutzt. Diese Algen können relativ problemlos kultiviert werden und haben es im wahrsten Sinne des Wortes in sich.

Scenedesmus
Scenedesmus obliquus ist eine grüne Mikroalge die im Süßwasser oder sogar in ganz schwach salzigem Wasser bestens gedeiht. 50 bis 55 Prozent ihrer Trockenmasse bestehen aus

Die Süßwasseralgen

hochwertigem Eiweiß und die Vitamine B_1 (Thiamin) und B_2 (Nicotinsäure) sind in wesentlich größerer Menge als z. B. in einem Hühnerei enthalten. Auch andere Vitamine und Carotinoide sind reichlich in Scenedesmus vorhanden. Die Alge wirkt heilsam bei Rheuma und Gicht, drückt den Cholesterinspiegel und fördert, äußerlich angewendet, die Wundheilung.

Klamathalge

Diese Süßwasseralge wurde erst vor knapp 20 Jahren für die Nutzung durch den Menschen entdeckt. Sie wird in relativ kleinen Mengen kultiviert und gehandelt. Leider ist ihre Züchtung nicht ganz unproblematisch, da die Klamathalge (Aphanizomenon flos-aquae) unter bestimmten Bedingungen ein schwaches Nervengift produzieren kann. Über die Wirkungen dieses Giftes ist noch relativ wenig bekannt, tödlich ist es aber mit Sicherheit nicht. Trotzdem muß die Ware labortechnisch genauestens überwacht werden, bevor sie verkauft wird.

Die Klamathalge gedeiht, wie schon ihr Name verrät, im Upper Klamath Lake in Oregon, USA. Zu ihren Vorzügen zählt der hohe Gehalt an verschiedenen essentiellen Aminosäuren und Mineralstoffen sowie an Spurenelementen wie Bor und Molybdän, die in anderen Süßwasseralgen nicht enthalten sind. Der Tagesbedarf an Vitamin B_{12} kann mit ein bis zwei Gramm der getrockneten Klamathalge gedeckt werden, was besonders für strenge Vegetarier, die keine Eier und Milchprodukte zu sich nehmen, sehr vorteilhaft ist.

Die verschiedenen Algenformen

Chlorella

Chlorella pyrenoidosa ist eine einzellige Grünalge, die sich an die verschiedensten Süßwasser-Lebensräume anpassen kann und in Seen, Buchten und Flüssen sowie auf feuchten Baumstämmen und an nassen Felsen zu finden ist. Unter günstigen Bedingungen vermehrt sich Chlorella rasend schnell und wird deshalb in Japan und Taiwan relativ problemlos in Mengen von mehreren tausend Tonnen pro Jahr aus speziellen Zuchtbecken geerntet. In getrockneter Chlorella beträgt der Anteil an hochwertigem Eiweiß über 60 Prozent der Gesamtmasse – das ist wesentlich mehr als z. B. auf vergleichbaren Flächen mit Soja- oder Weizenanbau erzielt werden kann. Aus diesem Grund sehen manche Wissenschaftler in der Kultivierung von Algen, speziell von Chlorella und Spirulina, eine mögliche Lösung für den steigenden Nahrungsbedarf der stetig wachsenden Weltbevölkerung. Außerdem enthält Chlorella auch sehr große Mengen an Chlorophyll, das zur Kräftigung und Reinigung des Blutes beiträgt. Chlorella enthält große Mengen an Vitaminen, Mineralien und Spurenelementen in natürlicher Form. In Algen und anderen Pflanzen sind Nährstoffe in einem natürlichen Molekülverbund eingebaut und können deswegen von unserem Organismus besser aufgenommen und zu den jeweiligen Organen transportiert werden als synthetisch hergestellte Stoffe. Chlorella wird, außer zur Nahrungsergänzung, zur Behandlung von vielen verschiedenen Leiden eingesetzt. Positive Erfahrungen machte man bei Magen-Darm-Störungen, Geschwüren, Allergien, Gelenkleiden, asthmatischen Erkrankungen und allgemeiner Abwehrschwäche. Der Zinkgehalt macht Chlorella zu einem guten Stärkungsmittel bei genereller Müdigkeit, Schwächezuständen und Streßbelastung. Zink wirkt auch entzündungshemmend. Chlorella enthält einen Wirkstoff, der als CGF, Chlorella Growth Factor, also Chlorella-Wachstumsfaktor, bezeichnet wird und beim Menschen die Zellneubildung stark fördert. Daher wird Chlorella auch bei der Behandlung von Wunden und Geschwüren mit großem Erfolg eingesetzt. Diese Alge hat eine ausgesprochen feste Zellwand, die im Verdauungstrakt des Menschen nicht geknackt werden kann. Deshalb muß Chlorella vor der Verarbeitung zu Tabletten oder Pulver erst speziell aufgeschlossen werden, was die Herstellungskosten leider verteuert.

Spirulina

Spirulina nimmt in unserer Aufzählung eine Sonderstellung ein, und zwar nicht nur wegen ihrer heilenden und nährenden Eigenschaften. Spirulina ist eigentlich keine richtige Alge. Ihre Zellen besitzen keinen Zellkern, und der Organismus gehört zu den sogenannten Blaubakterien. Auch kann man Spirulina nicht eindeutig den Meerwasser- oder den Süßwasseralgen zuordnen. Spirulina lebt in extrem basischen Gewässern mit pH-Werten zwischen acht und zehn, in denen keine andere Alge überleben könnte. Auch braucht sie intensivste Sonneneinstrahlung, um gut zu gedeihen. Spirulina findet man ursprünglich in den Sodaseen der Tschad-Region in Afrika oder im Texcoco-See in Mexiko. 100 bis 300 einzelne Zellen schließen sich zu einem spiralförmigen Organismus von etwa einem halben Millimeter Länge zusammen. Spirulina hat im Gegensatz zu Chlorella eine relativ weiche Zellhülle, so daß die reichlich enthaltenen Nährstoffe leicht im Darm aufgenommen werden können. Spirulina ist ein wahres Kraftpaket unter den Algen und wird in großen Mengen zur Behandlung der verschiedensten Krankheiten und als wertvolle Nahrungsergänzung eingesetzt. Das getrocknete Algenpulver enthält bis zu 70 Prozent (!) hochwertiges Eiweiß mit nahezu allen essentiellen Aminosäuren. Weitere Vorzüge von Spirulina sind der hohe Anteil an blutbildendem Chlorophyll und Eisen, große Mengen an Vitamin A, Vitamin-B-Komplex, Vitamine E, F, H und K sowie an vielen Mineralien, besonders an Kalzium und Phosphor, die den Knochenaufbau fördern. Spirulina ist also auch ein geeignetes Mittel, um der Osteoporose vorzubeugen. Aufgrund ihrer wertvollen Eigenschaften wird Spirulina in Mexiko, Taiwan und Japan großzügig gezüchtet. Da Spirulina in den afrikanischen Soda-Seen auch relativ leicht gedeihen würde, könnte sein Anbau dazu beitragen, die Ernährungsprobleme in Afrika zu lösen.

Vergleich: Inhaltsstoffe Spirulina – Sojabohne		
Organische Stoffe	*Spirulina*	*Sojabohne*
Eiweiß	69–71 Prozent	39 Prozent
Kohlenhydrate	12–13 Prozent	36 Prozent
Fett	7–8 Prozent	19 Prozent
Vitamine	Vitamin A, B_1, B_2, B_6, B_{12}, Panthotensäure, Nicotinsäure, Folsäure	Vitamin B_1, B_2, B_6
Pflanzenfarbstoffe	Chlorophyll, Carotinoide, Phycocyanin	keine

Die Zubereitung von Algen und Algenpräparate

Im Laufe der Jahre wurden verschiedene Verfahren entwikkelt, um Algen einerseits als menschliche Nahrung verwertbar zu machen und andererseits hochwertige Produkte für die Schönheitspflege und die Gesunderhaltung herzustellen. Algen und Algenprodukte gibt es inzwischen in einigen Naturkostläden, Reformhäusern, Apotheken und im Versandhandel in vielen verschiedenen Anwendungsformen zu kaufen.

Die einfachste Algenverarbeitung besteht sicherlich in der Lufttrocknung am Strand; dank der Meeresbrise und der Sonnenwärme ist diese leicht zu bewerkstelligen. Danach müssen die Algen noch von Sand, Steinen oder Muscheln befreit werden, bevor sie in den Handel kommen. Sehr wichtig ist natürlich die regelmäßige Überprüfung der Wasserqualität, damit für die Ernährung und für medizinische Präparate nur hochwertige Ausgangsrohstoffe gewährleistet werden.

Gleich nach der Ernte und in jedem der darauffolgenden Verarbeitungsschritten untersucht man die Algen labortechnisch auf ihre Inhaltsstoffe. Dabei wird sowohl darauf geachtet, daß eine ausreichend hohe Konzentration an Vitaminen, Mineralien, Eiweiß usw. vorliegt, als auch darauf, daß keine unerwünschten Verunreinigungen übrigbleiben.

Die Zubereitung von Algen und Algenpräparate

Darreichungsformen

Algen gibt es, je nach Anwendungszweck, in vielen verschiedenen Darreichungsformen. Für die Körper- und Schönheitspflege sind dies Cremes, Masken, Packungen und Badezusätze. Oft werden die Algen in diesen Präparaten mit anderen Zutaten, wie z. B. mit Heilpflanzen oder ätherischen Ölen vermischt, um die Wirkung zu verbessern. Für die Einnahme werden Algen als Tee, in Kapsel- oder Pulverform, in Trinkampullen oder als Tabletten angeboten. Präparate, die als Arzneimittel verkauft werden, müssen strengste Anforderungen an Reinheit und Wirkstoffgehalt erfüllen, bevor sie in den Handel kommen dürfen. Ganz besonders gilt dies natürlich für Ampullenpräparate mit Algenwirkstoffen, die beispielsweise in der Gelenktherapie gespritzt werden und deswegen völlig keimfrei sein müssen.

Trocknung und Konservierung

Je nachdem, ob es sich um meterlange Tange oder um Mikroalgen handelt, wird eine andere Trocknungstechnik angewendet. Die großen Algen legt man meist zum Trocknen auf die Dünen oder über gespannte Seile und Netze der Sonne und dem Wind ausgesetzt. Speisealgen blanchiert man oft auch vor der Trocknung kurz in heißem Wasser. Dadurch wird die Kochzeit beim späteren Zubereiten verkürzt und eventuell vorhandene Mikroorganismen abgetötet, die die Lagerung und die Weiterverarbeitung beeinträchtigen könnten. Gelegentlich werden die Algen auch erst zu Brei vermahlen und dann in dünnen Lagen getrocknet. Das passiert häufig bei großen Algen, wie z. B. bei Kelp, die für medizinische Zwecke zu Tabletten verarbeitet werden müssen. Dazu zerkleinert man die Algen erst grob und verarbeitet sie dann in einem sogenannten Mazerator zu einem flüssigen Brei. Dieser Brei wird anschließend in einem speziellen Trockner mit Heißluft eingedickt, bis ein grobkörniges Granulat übrigbleibt, das man dann zu Pulver zermahlt, damit es in Tabletten oder in anderen Präparaten verwendet werden kann. Diese Verarbeitungsschritte müssen relativ schnell ausgeführt werden, damit die wertvollen Inhaltsstoffe nicht verlorengehen. Leider vermindert die Hitze der Trocknungsanlagen die Wirkungskraft einiger Vitamine etwas, aber dank ausgefeilter Technik und zügiger, schneller Verarbeitung können die Verluste sehr gering gehalten werden.

Werterhaltung dank ausgereifter Technologie

Mikroalgen, wie z. B. Spirulina, werden in speziellen Trocknungsanlagen bei niedrigen Temperaturen sprühgetrocknet und anschließend vakuumverpackt. Von der Ernte bis zur Vakuumverpackung in Fässern vergehen nur etwa 15 Minuten. Die Süßwasseralge Chlorella besitzt eine sehr feste Zellhülle, die vom menschlichen Verdauungssystem nicht leicht aufgelöst werden kann; es ist deshalb für den menschlichen Organismus schwierig, an die Nährstoffe heranzukommen. Die Zellhülle muß also in einem speziellen, patentierten Verfahren erst einmal »aufgebrochen« werden. In der in den USA entwickelten Dynomil-Technik werden die Algenzellen zu über 95 Prozent aufgeschlüsselt und können vom Menschen dann gut verwertet werden. Ein anderes Verfahren wird für die Herstellung der Algenprodukte der Thalassotherapie angewendet. Man schockgefriert die Algen direkt nach der Ernte und verarbeitet sie dann bei minus 50 Grad Celsius weiter.

Die Zubereitung von Algen und Algenpräparate

Sie werden mikrozerkleinert, so daß die Zellwände platzen und die freiwerdenden Wertstoffe durch Zentrifugieren als sogenanntes Cytofiltrat dann den verschiedenen Präparaten zugesetzt werden kann. Beim Schockgefrieren bleiben die Vitamine und Mineralstoffe weitgehend erhalten und werden vom Luftsauerstoff nicht oxidiert. Die Wasserkristalle des tiefgekühlten Algenbreis werden in der Vakuumkammer verdampft (Sublimation). Bei der Mikrozerkleinerung werden die Algen in eine spezielle Mühle gegeben und einem sehr starken und turbulenten Gasstrom ausgesetzt. Durch die enormen Verwirbelungskräfte prallen die einzelnen Zellen unzählige Male heftig aufeinander und zerbersten dadurch. So gewonnene Pulver sind absolut lösungsmittelfrei und ausgesprochen fein. Dadurch können sie auch in Form von Cremes über die Epidermis ins Unterhautgewebe eindringen und ihre nährende, reinigende und straffende Wirkung entfalten.

Arzneiqualität der Algenmedizin

Viele Arzneien, die aus Algen gewonnen werden, enthalten einen bestimmten Inhaltsstoff, von dem die erwartete Arzneimittelwirkung hauptsächlich ausgehen soll. Die Gewinnung dieses Inhaltsstoffes geschieht nach strengen, standardisierten Kriterien. Meist werden Algenpräparate aus dem sehr jodhaltigen Blasentang Fucus vesiculosus hergestellt. Der entscheidende Inhaltsstoff ist hier das die Schilddrüse anregende Jod. Aufgrund seines natürlichen Vorkommens in der Alge wirkt das Jod besonders sanft und nachhaltig. Blasentang wird auch für homöopathische Präparate benutzt. Das homöopathische Arzneibuch verschreibt, daß für diese Präparate eine sogenannte Mazeration aus der frischen oder aus der getrockneten Alge vorgenommen werden muß. Die Alge wird erst stark zerkleinert und dann bei niedrigen Temperaturen (ca. 30 Grad Celsius) für mehrere Tage in ein Lösungsmittel, meistens in Alkohol, eingelegt. Dabei gehen die löslichen Bestandteile in das Mittel über und können von dem verbleibenden Algenbrei abgepreßt und gefiltert werden. Dieser Vorgang kann mehrmals wiederholt werden. Die Mazeration ist ein bei der Verarbeitung von Heilpflanzen übliches und erprobtes Verfahren. Bei der Algenverarbeitung wendet man die Mazeration auch zur Gewinnung kosmetischer Produkte an. Die hergestellten Extrakte werden auf ihren Wirkstoffgehalt hin untersucht und je nach vorgeschriebener Konzentration eingedickt oder verdünnt.

Die Nebenwirkungen von Algenpräparaten

Jodallergiker oder Personen mit einer Schilddrüsenüberfunktion sollten vor dem Verzehr von Algen, insbesondere von Meeresalgen, ihren Arzt befragen und im Zweifelsfalle auf letztere verzichten. Süßwasseralgen dagegen können normalerweise bedenkenlos konsumiert werden. Vergiftungen durch Algenkonsum sind kaum vorstellbar, da es nur sehr wenige, meist tropische Algenarten gibt, die für den Menschen giftig sein können. In Präparaten enthaltene oder als Nahrungsmittel verkaufte Algen sind unbedenklich. Untersuchungen im Huntington Research Centre in England ergaben, daß ein etwa 70 Kilogramm schwerer Mensch mindestens ein Kilogramm Grünalgen zu sich nehmen müßte, um auch nur annähernd eine Vergiftungsgefahr einzugehen. Dieser Wert ist

Die Zubereitung von Algen und Algenpräparate

aber rein theoretisch, da kein Mensch solch große Algenmenge in einer einzigen Mahlzeit konsumieren könnte. Versuche an Ratten, die große, auf ihren Organismus heruntergerechnete Algenmengen verzehrten, ergaben keine Vergiftungssymptome. Auch Tests mit freiwilligen Versuchspersonen, die ca. drei Wochen lang einer Algendiät folgten, ergaben keinerlei Hinweise auf schädliche Nebenwirkungen. Auch wurden in den USA Chlorella-Präparate an schwangere Frauen mit Eisenmangelanämie, also Blutarmut durch Eisenmangel, verabreicht. Dabei konnte selbst die äußerst strenge amerikanische Gesundheitsbehörde keine Nebenwirkungen für die Frauen und die Babys im Mutterleib feststellen.

Bei kosmetischen Präparaten müssen Menschen mit empfindlicher Haut darauf achten, daß keine chemischen Zusätze, z. B. Konservierungsmittel, enthalten sind. Auch ätherische Öle oder bestimmte natürliche Salbengrundlagen können bei allergisch veranlagten Personen zu Hautreizungen führen. Hier müssen Sie darauf achten, möglichst naturreine und hautverträgliche Präparate zu erwerben. Bei Algenpackungen oder Algenmasken ohne weitere Zusätze als getrocknetes Algenpulver, sind keinerlei Hautreizungen zu befürchten.

Die Begleiterscheinungen

Werden Algenpräparate, die z. B. aus Spirulina oder Chlorella gewonnen wurden, regelmäßig eingenommen, so kann es vor allem am Anfang zu Reaktionen im Verdauungstrakt kommen. Manchmal ist eine vermehrte Bildung von Darmgasen zu beobachten oder Irritationen, wie leichter Durchfall oder

Verstopfung. Diese Reaktionen sind relativ selten und zeigen, daß der Organismus nicht völlig gesund ist. Normalerweise handelt es sich dann nämlich um einen schwachen Darm, der seine Entgiftungsfunktion nicht mehr richtig erfüllt; er wird durch die biologisch hochaktiven Algenpräparate aus seiner Lethargie gerissen und braucht einige Zeit, um in Schwung zu kommen. Bei einem Menschen, dessen Stoffwechsel durch falsche Ernährung, Genußmittelmißbrauch oder Umweltgifte schon hochgradig vergiftet ist, können sogar leichte Übelkeit oder etwas Fieber auftreten. In solchen Fällen ist es sinnvoll, die Algendosis nur langsam zu steigern und eventuell entgiftende Kräutertees und homöopathische Mittel einzunehmen oder sogar eine Colon-Hydro-Therapie zu machen. Ein biologisch orientierter Therapeut kann Sie dabei beratend unterstützen. Das Auftreten von kleinen Hautveränderungen wie Pickelchen, Rötungen oder juckenden Stellen ist ebenfalls das Zeichen vermehrter Stoffwechselaktivität und deutet auf Entgiftungsreaktionen des Körpers hin. Eine Grünfärbung des Stuhls ist völlig unbedenklich und weist nur darauf hin, daß Chlorophyll ausgeschieden wird. Es ist wichtig, daß Sie solche Erscheinungen nicht als negative Nebenwirkungen der Algen selbst, sondern als positive Reaktionen Ihres aktiver werdenden Stoffwechsels betrachten.

Die Dosierung von Algenpräparaten

Natürlich darf nicht verschwiegen werden, daß auf Algen, wie auf nahezu jedes andere Nahrungsmittel, allergische Reaktionen möglich sind. Wenn die beschriebenen Beschwer-

Die Zubereitung von Algen und Algenpräparate

den bei einer empfohlenen Tagesdosis von 15 bis 20 Chlorella-Tabletten auftreten, aber bei Reduzierung der Einnahmemenge schnell abklingen, dann handelt es sich um die Anzeichen einer Stoffwechselanregung. In diesem Fall sollten Sie die Dosierung nur langsam steigern und darauf vertrauen, daß die lästigen Begleiterscheinungen mit der Zeit einem gesteigerten Wohlbefinden Platz machen. Sollten jedoch Durchfall oder Hautausschläge schon bei einer Minimaldosierung von einer bis drei Chlorella-Tabletten massiv auftreten, besteht die Möglichkeit einer echten allergischen Reaktion auf die Alge; in diesem Fall sollten Sie vor einer weiteren Einnahme einen Allergietest durchführen lassen. Was hier am Beispiel der Chlorella-Tabletten gesagt wurde, gilt natürlich auch für andere Algenpräparate. Orientieren Sie sich an den auf der Packung angegebenen Dosierungen, oder befolgen Sie die Einnahmevorschriften Ihres Therapeuten, dann dürften die Algenpräparate keine Probleme bereiten. Abgesehen von leichten Darmirritationen in den ersten Tagen, treten die beschriebenen Nebenwirkungen äußerst selten auf.

Das Meeresgemüse
in der Küche

Algen im Kochtopf – muß das sein? Es muß nicht, aber es wäre wirklich schade, auf diese pikante, schmackhafte und obendrein sehr gesunde Bereicherung der täglichen Küche zu verzichten. Die Lebensmittelindustrie nutzt die bindenden, gelierenden, stabilisierenden und geschmacksverbessernden Eigenschaften der Meeresgemüse ohnehin schon seit langem. So mancher würde sich wundern, wenn er erfahren würde, in welchen Lebensmitteln Algen bzw. Algenprodukte enthalten sind. So werden Algen z. B. als Stabilisatoren im Bier benutzt, das nicht dem deutschen Reinheitsgebot unterliegt; sie sorgen für eine schöne und dauerhafte Schaumkrone. Außerdem machen sie Speiseeis cremig und sorgen für den berühmten zarten Schmelz auf der Zunge. Als natürliche Geschmacksverstärker werden sie Saucen, Suppen und fertigen Füllungen zugesetzt. Sie verleihen Fleischkonserven ihr frisches, appetitliches Aussehen und machen Gelees fest und temperaturbeständig. Sogar bei manchen Arzneimitteln helfen Algenbestandteile, den unangenehmen Geschmack zu überdecken. Auch Fleischimitate aus pflanzlichem Eiweiß werden unter Verwendung von Algen hergestellt. Die Meeresofpflanzen geben dem Produkt ein schönes Aussehen, einen Geschmack, der einem Fleischerzeugnis sehr ähnlich ist und bereichern es um hochwertiges Eiweiß, Vitamine und Mineralstoffe. Die Liste der Algenanwendungen in der Industrie könnte man noch lange fortsetzen; die vielseitigen Gewächse werden auch in der Chemie, Medizin, Pharmazie, Kosmetik und sogar für einige technische Anwendungen genutzt. Man braucht nur die Produktverpackungen zu lesen: Inhaltsangaben, in denen Alginat, Carragheen, Agar-Agar vorkommen, weisen auf Algenbestandteile hin. Die Lebensmittelzusatzstoffe E400 bis E405 sind Alginate aus Braunalgen, E406 steht für Agar-Agar, und hinter E407 verbirgt sich Carragheenan aus der Alge Chondrus crispus (Carragheen, Irisches Moos). Viele der sogenannten E-Nummern sind Kürzel für durchaus nicht unbedenkliche Lebensmittelzusatzstoffe, aber bei Zusatzstoffen aus Algen können Sie ruhig zugreifen. Oft brauchen Algenzusätze, die als »technische Hilfsstoffe« dienen, gar nicht auf der fertigen Produktverpackung genannt werden; leider gilt das auch für einige gesundheitsschädigende Chemikalien. Doch zurück zum heimischen Kochtopf!

Algen in der Küchentradition

In Südwales findet man auch heute noch auf den Wochenmärkten das »Laverbread«, ein Spezialbrot mit Nori- bzw. Dulsealgen. Auf einigen kleineren britischen Inseln hat sich auch die Sitte gehalten, regelmäßig die Nahrung mit Algen anzureichern, aber im großen und ganzen ist das Wissen um den Nährwert und die Zubereitung der Gemüse aus Neptuns Garten in unseren Breitengraden verlorengegangen. Waren Algen noch für unsere nordischen Stammvölker wie die Wikinger und Kelten eine wichtige Nährstoff- und Energiequelle für ihr anstrengendes Leben und die erschöpfenden und gefährlichen Schiffsreisen, so stößt ihre Erwähnung in der täglichen Küche heutzutage eher auf Widerwillen und Ablehnung. Ganz zu Unrecht, wie wir später noch sehen werden.

Das Meeresgemüse in der Küche

Ganz anders wurde in den »Hochburgen« der Algenkultur, in China und Japan, mit dem historischen Erbe der Algenkultur umgegangen. Vielleicht haben es die asiatischen Völker ihrer langen Abschottung gegenüber der westlichen Kultur zu verdanken, daß sie heute Weltmeister in der Algenzucht und -zubereitung sind. Während Europäer in der Ernährung nur Landpflanzen, Fleisch und gerade noch Fisch gelten ließen, hatte besonders für das Inselvolk der Japaner das Meer nie jenen bedrohlichen und finsteren Aspekt, den es bei uns im abergläubischen Mittelalter besaß. So findet man auf den Listen über die an den kaiserlichen Hof zu entrichtenden Abgaben im 18. Jahrhundert alle wichtigen Algenarten, die auch heute noch konsumiert werden, verzeichnet. Gegenwärtig können die Japaner, die als die bedeutendsten Algenerzeuger und -exporteure der Welt gelten, die Nachfrage kaum decken. In Japan findet man Küstengewässer, die mindestens genauso intensiv bewirtschaftet werden wie das Festland. Allein von der in Japan äußerst beliebten Norialge werden zur Zeit über zehn Milliarden »Blätter« pro Jahr geerntet. Auf jeden Japaner kommt ein durchschnittlicher Jahresverzehr von fast 100 Noriblättern!

Am chinesischen Kaiserhof waren Algen auch schon vor langer Zeit eine hochwillkommene Bereicherung des Speisezettels. Bei Sze Tsu kann man in einer Schrift aus dem 6. Jahrhundert v. Chr. lesen: »Algen sind eine Delikatesse, die den ehrenwertesten Gästen vorzusetzen es sich ziemt.« Aus Korea kamen schon vor über 2000 Jahren Algen an den chinesischen Hof, wo sie in der Küche und für viele medizinische Anwendungen genutzt wurden. Auch die neuseeländischen Maoris, die nordamerikanischen Küstenindianer und die hawaiianischen Insulaner kannten und schätzten diese Art von Gemüse. Allein in den Küstengewässern von Hawaii wurden über 70 verschiedene Algenarten gezüchtet.

Algen in der modernen Ernährung

Eigentlich kann man kaum glauben, daß in unserer modernen Industriegesellschaft, in der ein großer Teil der Bevölkerung mit Übergewicht zu kämpfen hat, irgendein Mangel an Nährstoffen herrschen sollte.

Leider ist dies aber wirklich der Fall. Die moderne Ernährung versorgt uns mit einem Übermaß an Fetten, Eiweiß und Kohlenhydraten. Weißmehlprodukte und Industriezucker, der in fast allen Industrieerzeugnissen enthalten ist, entziehen dem Organismus bei der Verdauung zahlreiche Vitamine und Mineralstoffe. Nicht zuletzt sinkt der Vitalstoffgehalt der Nahrung durch viele raffinierte Verarbeitungs- und Konservierungstechniken weiter ab. Auch beim Kochen gehen wertvolle Inhaltsstoffe verloren: Die hochenergetischen Strahlen der Mikrowellenöfen denaturieren das Eiweiß und zerstören den letzten Rest an Vitaminen. Während die Ernährungswissenschaftler noch bis vor 20 Jahren glaubten, daß Eiweiß, Fett und Kohlenhydrate die einzig wichtigen Nahrungsbestandteile sind, so müssen sie sich inzwischen eines Besseren belehren lassen. Bei übermäßigem Verzehr bewirken diese Stoffe nur eines, nämlich Übergewicht und Darmträgheit. Erst die unverdaulichen Faserstoffe der Pflanzen regen den Darm zu effektiver Arbeit und zur Nährstoffaufnahme an. Und ohne die Vitamine, Mineralien und Spurenelemente, die ja nur in kleinen Mengen in den jeweiligen Lebensmitteln enthalten sind, ist ein gesundes Leben nicht möglich. Natürlich variiert die optimale Ernährung, je nach individueller Konstitution, von Person zu Person ein bißchen, aber grundsätzlich sollten die Speisen hauptsächlich aus Gemüse, Obst, Salat und Vollkornprodukten bestehen. Die Unmengen an Nahrungskalorien, die in Fleisch, Käse, Wurst und Zuckerwaren enthalten sind, benötigt in unserer modernen Industriegesellschaft höchstens noch ein Schwerarbeiter. Algen hingegen sind mit ihrem enormen Reichtum an Aminosäuren, Vitaminen, Mineralien und Spurenelementen eine ideale Ergänzung für die tägliche Küche und bieten, wenn sie richtig zubereitet werden, auch ein aufregend exotisches Geschmackserlebnis.

Algen in der heimischen Küche

Wer nun beginnen möchte, Algen in seinen Speiseplan einzubauen, sollte ein paar einfache Grundregeln beachten, um den gewöhnungsbedürftigen Geschmack nicht von Anfang an abzulehnen. Aufgrund der hohen Nährstoffdichte und der enormen Quellfähigkeit braucht man für ein Algengericht nur einige Gramm der getrockneten Meerespflanzen. Algen quellen bei der Zubereitung bis zum Fünffachen ihrer Trokkenmasse auf. Um langsam ein Gefühl für die Eigenheiten des Geschmacks und für die Arten der Zubereitung zu entwickeln, sollte man beginnen, Algen als Würzmittel für Suppen, Saucen, Eintöpfe oder auch Salate zu verwenden. Bohnengerichte erhalten z. B. durch einen kleinen Zusatz von Kombu einen abgerundeten Geschmack und werden verträglicher für den Darm. Die Glutaminsäure verbessert den Geschmack und weicht die harten, schwer verdaulichen Pflanzenfasern auf. In einer zweiten Phase kann man dann dazu übergehen, zwei- bis dreimal pro Woche Algen als Beilage zu den gewohnten Gerichten zu servieren. Algen machen selbst Getreidespeisen nahrhafter und aromatischer. Allgemein wird die Alltagskost durch die Zugabe des Meeresgemüses ausgewogener und das Eiweiß leichter verdaulich. Lästige Blähungsbeschwerden können so deutlich reduziert werden. In unseren Breiten ist das Meeresgemüse eigentlich nur in getrockneter Form in Naturkostläden, in Reformhäusern oder über den Versandhandel erhältlich. Gelegentlich kann man in Fischgeschäften frische Algen finden, die dort allerdings meist nur zu Dekorationszwecken verwendet werden. Vielleicht gibt Ihnen der Händler ja etwas davon für den Kochtopf ab. Bei französischen Fischhändlern kann es Ihnen aber durchaus auch einmal passieren, daß man Ihnen eine Handvoll Algen zur Verfeinerung Ihres Fischgerichtes gleich mit anbietet. In den französischen Küstenregionen hat sich nämlich die Algenküche gehalten. Frische Algen spülen Sie am besten zu Hause mit klarem Wasser ab, lassen sie abtropfen und verwahren sie in einem geschlossenen Behälter im Kühlschrank. So bleiben sie acht bis zehn Tage verwendbar. Die gängigsten getrockneten Algen sind Nori, Alaria, Wakame, Arame, Agar-Agar und Carragheen. Diese Algen sind im Geschmack milder als Kombu, Kelp, Hiziki und Dulse, die mit ihrem kräftigen Aroma ebenfalls bei uns zu kaufen sind. In einem licht- und luftdichten Behälter können die getrockneten Algen an einem kühlen Ort jahrelang aufbewahrt werden. Haben sich an den getrockneten Algen weiße Flecken gebildet, so handelt es sich nicht um Schimmel, sondern um

Algen in der heimischen Küche

Meersalz, das sich auch nach der Trocknung noch aus der Alge herauskristallisieren kann. Da es sich hierbei um gesundes, jodhaltiges Meersalz handelt, sollten Sie die Salzkristalle nur dann abwaschen, wenn Ihnen die Algen wirklich zu salzig sind. Werden Algen allerdings in Plastikbeuteln aufbewahrt, können Sie bei Temperaturschwankungen verderben, weil sich dann Kondenswasser bildet. Deshalb sollten Sie nur eine Papiertüte oder eine dicht schließende Dose zur Aufbewahrung verwenden. Falls Ihr Algenvorrat versehentlich einmal feucht geworden sein sollte, können Sie die Algen zum Nachtrocknen entweder an einem schattigen und warmen Ort ausbreiten oder im vorgeheizten Backrohr auf der untersten Hitzestufe trocknen. Getrocknete Algen eignen sich übrigens auch ausgezeichnet als Urlaubsproviant, da sie nicht viel wiegen und nur in kleinen Mengen benötigt werden. Das ist die ideale Lösung für Ihre Campingküche!

Fertigprodukte mit Algen
Für die schnelle Küche haben sich die Hersteller von Algenprodukten inzwischen auch schon einiges einfallen lassen. Allerdings sind diese Produkte meist nur in sehr gut sortierten Naturkostläden in größeren Städten zu finden, da die noch geringe Nachfrage für kleinere Läden ein Lagerungs- und Frischeproblem bedeutet. Aber vielleicht können Sie durch gezieltes Nachfragen in Ihrem Naturkostladen erreichen, daß Algenerzeugnisse mit ins Sortiment aufgenommen werden oder daß Sie zumindest für Ihren Eigenbedarf beim Großhändler mitbestellen können. Zur Zeit gibt es im Handel Algenflocken, fertige Saucen und Patés. So können Sie etwa Nudeln oder Reis sehr schnell mit einer fertigen Arame-

Sauce auf Gemüse zu einem vollwertigen Gericht machen. Oder Sie verfeinern fade geratenes Gemüse mit einer herzhaften Mischung aus Kombu und Sojasauce. Die meisten Algen-Patés eignen sich als Brotaufstriche, als Beilage zu Salaten und zum Füllen von Tomaten, Auberginen, Paprika oder Zucchini, die dann im Ofen oder auf dem Grill gebraten werden. Mit Neugierde und etwas Phantasie werden Sie sicherlich eine Menge Ideen für interessante Algenvariationen finden. Eine gute Einkaufsquelle sind mitunter auch asiatische Lebensmittelgeschäfte, die ihre im Ausland lebenden Landsleute mit heimatlichen Zutaten versorgen, aber auch unserer mitteleuropäischen Küche viele wertvolle und abwechslungsreiche Anregungen bieten. Getränke mit oder aus Algen sind ebenfalls erhältlich, werden aber hauptsächlich in der Diätetik benutzt. Sie besitzen nämlich eine ausleitende, entgiftende und zugleich kräftigende Wirkung und eignen sich deshalb gut als Zusatzgetränk bei Fasten- oder Blutreinigungskuren. Besonders empfiehlt sich dabei ein Getränk aus Kombu, Fenchel und Pflaumen.

Anbau von Algen

Algen erhält man aus Wildsammlungen im offenen Meer und aus regelrechten Farmen, die sich auf bestimmte Algenkulturen spezialisiert haben. Besonders die großen Braunalgen wie Kombu und Kelp werden nicht gezüchtet, sondern an ihren natürlichen Standorten auf felsigen Küsten mit Spezialbooten geerntet. Nori hingegen wird auf großen Flächen gezüchtet und industriell weiterverarbeitet. Es ist eine qualitätsgarantierende Eigenschaft von Algen, daß sie bei schlechter Wasserqualität weniger wachsen und nicht die Giftstoffe absorbieren. Die Hersteller achten demnach sehr auf die Reinheit des Wassers, in dem ihre Algen wachsen. Außerdem kann man sichergehen, daß keine Dünge- und Pflanzenschutzmittel verwendet werden, weil das Meer sich aufgrund des ständigen Wasseraustausches sowieso nicht so intensiv bearbeiten läßt wie ländliche Agrarflächen. Daher sind die Unterschiede zwischen natürlich gewachsenen und angebauten Algen nicht sehr groß. Wildgewachsene Algen sind meist etwas fester, aber auch geschmacksintensiver und mineralstoffreicher als ihre Artgenossen aus der Zucht. Die Zähigkeit ist dadurch bedingt, daß die Algen an ihren natürlichen Standorten den Gezeiten und den Meeresströmungen ungeschützt ausgesetzt sind und mehr aushalten müssen als ihre Artgenossen in künstlichen Anbaugebieten. Andererseits jedoch kann man davon ausgehen, daß die Wertstoffdichte und Qualität dieser wildwachsenden Algen im Vergleich zu den angebauten höher ist, da sie sich dort ansiedeln, wo die Lebensbedingungen am besten für sie sind, das heißt dort, wo der Boden am nahrhaftesten ist.

Nahrung für die Zukunft

Angesichts einer ständig wachsenden Weltbevölkerung und einer Agrarwirtschaft, die durch Überdüngung und Bodenvergiftung das natürliche Gleichgewicht der Natur immer mehr aus dem Lot bringt, sollten Algen zukünftig verstärkt als Nahrungsquelle in Betracht gezogen werden. In asiatischen Ländern existiert diesbezüglich ein großes Know-how, das sich die ganze Welt zunutze machen sollte. Voraussetzung für eine unerschöpfliche Ernte aus dem Meer ist natürlich, daß die Gewässer nicht weiterhin in dem heutigen Ausmaß verschmutzt werden. In Japan mußten in den letzten Jahren schon gewaltige Anstrengungen unternommen werden, um den Rückgang der Nori-Ernte aufzuhalten, die durch die Wasserverschmutzung bedroht wurde. Am Rande sei hier noch bemerkt, daß zur Erzeugung von einer gewissen Menge an wertvollem, eiweißhaltigem Fleisch die Zuchttiere mindestens das Zehnfache an pflanzlichen Nahrungskalorien benötigen. Algen hingegen liefern mindestens ebenso hochwertiges Eiweiß und außerdem noch Vitalstoffe im Überfluß, sind aber sehr genügsam, da sie sich mit Wasser, Kohlendioxid, Sonne und den ohnehin im Meer treibenden Nährstoffen zufriedengeben.

Mit Algen kochen

Zubereitung der Algen

Nur wenn getrocknete Algen sandig sind, müssen sie unter fließendem Wasser abgespült werden. Normalerweise sollte man dies aber unterlassen, denn dadurch geht auch das wertvolle Meersalz verloren. Die stark salzige Hiziki darf mehrmals gespült werden, da der Salzgehalt sehr hoch ist. Im allgemeinen ist es aber besser, Sie sparen später beim Würzen mit Salz oder verzichten gleich ganz darauf, da das Meersalz der Algen als Jod- und Mineralquelle wertvoller ist als unser Kochsalz.

Noch einmal sei darauf hingewiesen, daß Sie für ein Gericht jeweils nur eine kleine Menge aus Ihrem Vorrat an getrockneten Algen zu entnehmen brauchen, da die Quellfähigkeit enorm ist. Natürlich quellen verschiedene Algenarten unterschiedlich stark, und man bekommt erst mit der Zeit ein Gefühl für die richtige Algen- und Wassermenge sowie für die korrekte Einweichzeit. Die Algen sollten beim Einweichen keinesfalls weich und pampig werden, sondern lediglich ihre natürliche Elastizität zurückerhalten und einen guten Biß bekommen. Da das Einweichwasser viele Mineralstoffe enthält, empfehlen wir Ihnen, es gleich zum Kochen Ihres Gerichtes zu benutzen. Falls es zu salzig ist, können Sie es mit frischem Wasser nach Belieben verdünnen.

Oftmals werden Sie die getrockneten Algen für das geplante Gericht zerkleinern müssen. Das sollten Sie am besten vor dem Einweichen tun. Sind die Algen sehr gut getrocknet, kann man sie für Suppen und Saucen mit den Fingern zerbröseln oder in kleine Stücke brechen. Zum Zerschneiden der Trockenalgen eignet sich eine Schere besser als ein Messer, besonders bei Noriblättern. Auch nach dem Einweichen können Sie die Algen natürlich auf einem Holzbrett mit einem scharfen Gemüsemesser noch zerschneiden.

Wichtige Hinweise zur Zubereitung

Wird Meeresgemüse gut zubereitet, entsteht mit Sicherheit ein wohlschmeckendes und gesundes Gericht, das in Geruch, Farbe und Geschmack alle Sinne anregt. Für das gute Gelingen sind nur wenige Dinge zu beachten. Auch als Dekoration, beispielsweise von Fischgerichten, eignen sich Algen hervorragend. Das ist was fürs Auge und was für den Gaumen: Der typische Meeresgeschmack verfeinert den Fisch nämlich noch zusätzlich.

Grundsätzlich gibt es geschmacksneutrale Algen wie Agar-Agar oder Carragheen, die sich vorzüglich zum Andicken von

Suppen und Saucen, oder zum Gelieren von Marmeladen und Gelees eignen. Zum anderen gibt es Algen, die durch ihr Aroma die Gerichte schmackhafter machen. Die neutralen Algen können also für Süßspeisen, Käse- oder Quarkgerichte verwendet werden. Die anderen Algen eignen sich für Fischgerichte, können aber genauso Suppen, Saucen, Salate und Eintöpfe verfeinern. Die festen Algensorten werden möglichst schonend und nicht zu lange gekocht, während zartere Sorten schon roh oder nach dem Einweichen gegessen werden können. Auch gedünstet oder kurz in der Pfanne angebraten schmecken sie vorzüglich.

Zum Garen und Dünsten sollten Sie immer hochwertiges Pflanzenöl aus erster Pressung verwenden, weil dadurch viele Vitamine und Mineralien gebunden werden und das Öl den Algengeschmack sehr gut abrundet. Meeresgemüse, das länger gekocht werden muß, wird, wenn man dem Kochwasser eine Prise Meersalz und einen Schuß Sojasauce zugibt, weich und süßlich. Auch zähere Algen, die sowieso länger kochen müssen, schmecken besser, wenn Sie etwas Essig, Zitronen- oder Orangensaft hinzufügen.

Noch ein Hinweis zum Gelieren mit Agar-Agar: Bei Rezepten können manchmal Mengenangaben von Agar-Agar zu kulinarischen Mißerfolgen führen. Agar-Agar ist nunmal ein Naturprodukt, und so kann die Gelierfähigkeit von Charge zu Charge etwas schwanken. Außerdem variiert die Bindekraft je nach dem Säuregrad des Nahrungsmittels, für das es verwendet wird. Je säurehaltiger beispielsweise die Früchte sind, die mit Agar-Agar zu Marmelade verarbeitet werden sollen, desto mehr Geliermittel werden Sie benötigen. Eine kleine Löffelprobe kann Sie hier vor Enttäuschungen bewahren: Geben Sie eine kleine Menge der heißen Masse auf eine kalte Fläche und warten Sie, bis diese abgekühlt ist. So können Sie schnell überprüfen, ob die erwünschte Festigkeit erreicht ist, oder ob Sie noch mehr Agar-Agar benötigen. Natürlich können Sie auch noch Wasser zugeben, falls Ihnen die Masse zu fest erscheint.

Die Makrobiotik

Ursprünglich wurde der Begriff Makrobiotik von dem deutschen Arzt Christoph Wilhelm von Hufeland geprägt, der von 1762 bis 1836 lebte und Berühmtheiten wie Goethe, Schiller, Herder und Wieland zu seinen Patienten zählte. In seinem 1796 vollendeten Hauptwerk »Makrobiotik oder die Kunst, das menschliche Leben zu verlängern«, befaßte er sich sowohl mit der Anwendung von Medikamenten als auch mit der menschlichen Ernährung und Lebensführung. Dabei galt diesbezüglich sein Interesse der Erforschung eines gesunden Lebensstils.

Heutzutage wird mit Makrobiotik im wesentlichen eine bestimmte Lebens- und Ernährungsweise bezeichnet, die von dem Japaner Georges Ohsawa (1893–1966) begründet wurde. Ohsawa wollte den Menschen durch eine traditionsgebundene und naturnahe Lebensweise zu mehr Gesundheit, hoher Lebensdauer und einer größeren Harmonie mit der Natur verhelfen. Ein wichtiger Teil der Weltanschauung Ohsawas basierte auf der Überzeugung, daß ein Mensch zu Gesundheit, geistiger und körperlicher Ausdauer und Lebenskraft gelangt, wenn er sich überwiegend von pflanzlicher Kost ernährt. Ohsawa schloß dabei den Verzehr tierischer Produkte nicht völlig aus, wie das viele seine Anhänger heute tun, wollte ihn aber auf ein Minimum beschränken. Das wichtigste Kriterium für die Beurteilung des Werts eines Nahrungsmittels ist in der chinesischen Philosophie das ausgewogene Verhältnis der kosmischen Urkräfte Yin und Yang in der Pflanze. So stehen im braunen Reis Yin und Yang im für Menschen optimalen Verhältnis 5 : 1; das bedeutet, daß brauner Reis nach dieser Lehre ein optimales Nahrungsmittel ist. Getreide und Gemüse sind die wichtigsten Bestandteile makrobiotischer Nahrung. In der Regel werden alle Speisen erhitzt. Viele Makrobioten lehnen Fleisch, Eier, Milch und Milchprodukte völlig ab. Isolierter weißer Zucker hat in makrobiotischen Gerichten genausowenig Platz wie Auszugsmehl (Weißmehl) oder andere raffinierte Zutaten. Genauso werden chemische Zusatzstoffe, Kunstdünger und Agrargifte in der Nahrungsmittelproduktion strikt abgelehnt.

Die makrobiotische Ernährung sieht in der Zusammenstellung von Speisen zehn Varianten vor, die um so höher bewertet werden, je größer der Anteil von Getreide in der Nahrung ist. Allerdings besteht dabei die Gefahr einer Mangelernährung. Die Vorstellung Ohsawas, daß der menschliche Organismus in der Lage sei, chemische Elemente zu transformieren, also z. B. aus Silizium Kalzium zu bilden und sich so aus der gegebenen Nahrung optimal zu versorgen, ist aus der Sicht der modernen Wissenschaft nicht mehr vertretbar.

Der völlige Verzicht auf tierische Nahrungsmittel verlangt eine sehr ausgewogene Ernährungsweise, um den Mangel an bestimmten Mineralien, z. B. an Kalzium und Eisen, an Vitaminen wie B_2, B_{12} und D sowie an Eiweiß zu verhindern.

Die Makrobiotik

Algen sind dabei wunderbar dazu geeignet, die makrobiotische Küche auf schmackhafte Art mit wertvollen Inhaltsstoffen anzureichern. Deshalb nehmen sie im Speiseplan der Makrobiotik einen festen Platz ein. In den USA hat inzwischen eine ernährungsphysiologisch recht sinnvolle Variante, die sogenannte Kushi-Diät, eine weite Verbreitung gefunden. Sie wird unter anderem auch in der Krebsvorbeugung empfohlen. Wichtiger Bestandteil der Kushi-Diät ist ein fester Algenanteil von mindestens fünf Prozent in der Gesamtnahrungsmenge! Wie wir bereits wissen, ergänzen sich Algen und Hülsenfrüchte ganz hervorragend: Sie sind gut verträglich und haben einen hohen Nährwert.

Optimale Nahrungszusammensetzung nach Kushi
50 bis 60 Prozent Vollgetreide
25 bis 30 Prozent Frischgemüse
10 Prozent Hülsenfrüchte und Sojaprodukte
5 Prozent Algengemüse
Zusätzlich ist ein- bis zweimal in der Woche weißfleischiger Fisch erlaubt.

Nicht nur die Wahl der richtigen und möglichst naturreinen Zutaten ist in der makrobiotischen Küche wichtig, sondern auch die Zubereitungsweise und das Kochgerät. Schließlich sollen ja die in den Nahrungsmitteln enthaltenen Energien und Wertstoffe ihre ganze Wirkung entfalten und dem Menschen zugute kommen. Daher wird der makrobiotische Koch eine lebendige Gasflamme der starren und leblosen Herdplatte vorziehen und lieber einen Edelstahltopf verwenden als einen billigen Aluminiumtopf, denn letzteres Metall ist

»weicher«, und bewirkt, daß sich winzige Metall-Ionen absondern und in die Nahrung gelangen. Emailliertes Gußeisen und Steinguttöpfe werden besonders gerne verwendet, da sie die Wärme langsam aufbauen und genauso langsam an die Speisen abgeben. Auch ist ein Kochlöffel aus Holz besser als einer aus Plastik oder Metall, weil er durch seine Beschaffenheit nicht mit den Energien in Konflikt tritt. Ebenfalls ist es ratsam, zum Zerkleinern einen Mörser mit Stössel oder eine Handmühle zu gebrauchen und nicht einen elektrischen Mixer. Die Elemente Hitze (Feuer), Druck und Zeit sind für die makrobiotische Küche von großer Bedeutung; mit modernem Fast-Food hat Makrobiotik wahrlich nichts zu tun.

Algen in der japanischen Küche

In der japanischen Küche spielen Algen seit jeher eine große Rolle. In den vergangenen Jahrhunderten waren sie für die einfachen Leute, aber auch für den Adel, eine unverzichtbare Quelle von Nährstoffen und ein schier unerschöpflicher Vorrat in Notzeiten. Alle der heutzutage erhältlichen Algensorten wurden in der japanischen Küche schon seit langem verwendet.

Zu besonderem Ruhm unter Feinschmeckern ist allerdings, vor allem im Zusammenhang mit Sushi, die Norialge gekommen. Sushis sind kleine Snacks, die aus gekochtem, erkaltetem Reis bestehen, dem etwas Essig und Gewürze zugesetzt werden. In den verschiedensten Formen wird dieser Reis in ein kleines Noriblatt gewickelt. Normalerweise wird dem Reis zusätzlich noch ein Stückchen roher Fisch beige-

Algen in der japanischen Küche

geben. Die Nori wird nach dem Ernten zu einem Brei verarbeitet und in dünnen Lagen in mit Bambusmatten bespannte Rahmenvorrichtungen gegeben. Dort läßt man den Brei trocknen, früher in der Sonne, heutzutage meist in speziellen Öfen. Dann werden die trockenen Noriblätter von den Matten gelöst. An der Unterseite des Noriblattes kann man das Muster der Bambusmatten deutlich erkennen, wobei in der modernen Fabrikation oft haltbarere Kunststoffe als Trocknungsunterlage verwendet werden. Die fertigen Lagen werden gefaltet und verpackt.

Die Preise für Nori variieren sehr stark, wobei man nicht unbedingt für den höheren Nährwert bezahlt, sondern eher für den mehr oder minder raffinierten Geschmack. Es bestehen nämlich beträchtliche Qualitätsunterschiede: Gutes Nori zeichnet sich durch eine gleichmäßige, grüne Farbe aus, ist etwas brüchig und glänzt matt. Weniger hochwertige Ware ist uneben, manchmal etwas schlaff und weich und hat unter Umständen eine rötliche Farbe. Leider sind schon Fälle bekannt geworden, in denen schlechtere Sorten künstlich grün nachgefärbt wurden, um eine höhere Güte vorzutäuschen. Sushi-Nori gibt es bereits in kleinen Blättern, geröstet und schon gebrauchsbereit zu kaufen. Kizami-Nori ist in Streifen geschnittenes und geröstetes Nori, das in dieser Form in Japan sehr gerne zum Garnieren von Gerichten verwendet wird.

Wie andere Speisealgen auch, sollte Nori in luftdicht verschließbaren Dosen aufbewahrt werden. Vor dem Gebrauch wird Nori in der japanischen Küche über einer Flamme kurz erhitzt, bis es eine leuchtend-grüne Farbe annimmt. In japanischen Feinkostgeschäften sind auch noch grüne Nori-

Flocken erhältlich, die unter dem Namen Ao-Nori verkauft werden. Sie werden aus einer anderen Algenart hergestellt und sind ein würziger, kräuterartiger Zusatz zum Verfeinern von Gerichten aller Art. Wegen ihrer leuchtend-grünen Farbe werden auch sie gerne als Garnitur benutzt. Purpurblatt-Nori (Fu-Nori) ist eine ausgesprochen zarte Alge, die in kürzester Zeit weichgekocht ist. Sie verfeinert besonders Suppen, Salate und mit Essig zubereitete Gerichte.

Wollen Sie die Sushi-Zubereitung einmal selbst ausprobieren, dann sollten Sie ein paar Tips beachten, denn ein wenig Fingerspitzengefühl ist für ein gelungenes Sushi unerläßlich. Das Wichtigste ist die richtige Beschaffenheit des Reises: Er muß etwas klebrig und frisch gekocht sein. Der körnige Reis, den uns die Werbung schmackhaft machen möchte, ist für Sushis und die ganze asiatische Küche überhaupt nicht geeignet. Stellen Sie sich nur einmal vor, Sie müßten einzelne Reiskörner mit chinesischen Eßstäbchen essen! Das ist sicherlich eine gute Schlankheitskur, aber kein kulinarisches Vergnügen. Der frisch gekochte, klebrige Reis sollte abgekühlt sein, aber noch nicht ganz, denn mit einer gewissen Restwärme klebt er am besten. Der Reis wird jetzt gleichmäßig, etwa einen Zentimeter dick, auf dem Sushi-Nori verteilt. Am Anfang und am Ende der Rolle sollten Sie etwa einen Zentimeter frei lassen, da sich die Füllung beim Einrollen etwas ausbreitet. Mit einem dünnen Stäbchen können Sie nun kleine Kerben in den Reis drücken, so wird die Füllung gleichmäßig verteilt. Zum Einrollen kann man sich kleiner Bambusmatten bedienen, die extra zu diesem Zweck verkauft werden, oder Sie nehmen ein kleines Tuch, ähnlich wie bei der Strudelzubereitung. Das Einrollen sollte langsam und mit leichtem Druck erfolgen, damit die Masse gleichmäßig fest wird und beim späteren Schneiden der Rolle nicht in kleine Stücke zerfällt. Falls nötig können Sie mit einigen Zahnstochern verhindern, daß die Rolle wieder aufgeht. Möglichst kurz vor dem Verzehr wird die Sushi-Rolle dann mit einem scharfen Messer in zwei bis drei Zentimeter breite Stücke zerschnitten.

Kochrezepte mit Algen

Alle angegebenen Portionen beziehen sich auf vier Personen.

Kressesalat mit Hiziki

4 EL Hizikialgen	Salz, Zucker
1–2 Zitronen	2 Bund Brunnenkresse
schwarzer Pfeffer	1 Knoblauchzehe
4 EL Sonnenblumenöl	200 g Champignons

- Die Algen in warmem Wasser zehn Minuten einweichen, dann abtropfen lassen und kleinschneiden.

- Für die Marinade eine Zitrone auspressen. In den Saft Pfeffer, Zitronenschale, Salz, Zucker und Öl unterrühren. Eine Stunde im Kühlschrank ziehen lassen.

- Brunnenkresse waschen und die grünen Blätter abzupfen.

- Salatschüssel mit einer halben Knoblauchzehe ausreiben.

- Champignons putzen und in Scheiben schneiden. Dann zusammen mit der Brunnenkresse und den Algen in die Salatschüssel geben.

- Marinade nochmals abschmecken und bei Bedarf den Saft der zweiten Zitrone hinzufügen.

- Dann über den Salat gießen, alles gut mischen und sofort servieren.

Pikanter Frühlingssalat

4 Streifen Wakamealgen
1 Kopfsalat
1 Bund Radieschen
250 g Fenchelknolle
100 g Sellerie
1–2 Paprikaschoten

2 EL Weinessig
1–2 TL Senfpulver
Salz, Pfeffer
4 EL Öl
100 g Crème fraiche

- Wakamealgen mit heißem Wasser übergießen, bis sie bedeckt sind. Etwa zehn Minuten einweichen lassen.
- Salat, Radieschen, Fenchel, Sellerie und Paprikaschoten putzen, gut waschen und in kleine Streifen oder Würfel schneiden.
- Wakamealgen abtropfen lassen und ebenfalls in kleine Stücken schneiden.
- Für die Marinade Essig, Öl, Senfpulver, Salz und Pfeffer in einer Schüssel miteinander verrühren.
- Das vorbereitete Gemüse zufügen und bedeckt etwa eine Stunde ziehen lassen.
- Je nach Geschmack mit Crème fraiche garnieren.

Pikanter Kartoffelsalat

500 g Kartoffeln
1 TL frische oder
getrocknete Hizikialgen
Salz
2 EL Sahne

2 EL Mayonnaise
2 EL Sahnejoghurt
Salz, Pfeffer
1 kleiner Bund Dill
Dillgurken

- Kartoffeln kochen und in einer Schale abkühlen lassen.
- Später pellen und in dünne Scheiben schneiden.
- Schlagsahne, Mayonnaise und Sahnejoghurt miteinander verrühren.
- Die gehackten Algen unterrühren.
- Dill waschen, hacken und ebenfalls unterheben.
- Dillgurken fein würfeln und mit den Kartoffelscheiben unter die Marinade mischen.
- Den Salat mindestens eine Stunde im Kühlschrank ziehen lassen, dann nochmal abschmecken und eventuell nachwürzen.

Gemüsetopf mit Arame und Kastanien

1 kg Eßkastanien
2 Handvoll Aramealgen
500 g Porree
500 g Möhren
1 kg Sellerie
500 g Weißkohl

20 g Pflanzenfett
1 Zwiebel
Salz, Pfeffer
$^1/_2$ l Hühnerbrühe
1 Bund Petersilie

- Eßkastanien auf ein Backblech legen und im vorgeheizten Backofen bei 200 Grad Celsius ca. 20 Minuten rösten. Dann aus den Schalen brechen und die braune Haut entfernen.
- Algen in lauwarmem Wasser einweichen.
- Das Gemüse putzen und waschen und entweder in Würfel oder Streifen schneiden.
- Die Zwiebel würfeln und in einer feuerfesten Form zusammen mit den Algen dünsten.
- Das vorbereitete Gemüse zugeben und ebenfalls andünsten.
- Mit Salz und Pfeffer abschmecken und die Hühnerbrühe zugießen.
- Den Eintopf ca. 30 Minuten leicht kochen lassen und erst in den letzten zehn Minuten die Eßkastanien zugeben.
- Petersilie hacken und erst kurz vor dem Servieren unter das Gemüse mischen.

Kochrezepte mit Algen

Kartoffelsuppe mit Algen

500 g mehlig-kochende Kartoffeln
2 Möhren
1 kleine Sellerieknolle
1 Stange Porree
1 Zwiebel
1 l Brühe
1 TL oder ein Blatt Kombualgen
40 g Butter
Salz, Pfeffer

- Kartoffeln, Möhren, Sellerie und den Porree schälen und würfeln. Zwiebeln schälen und in Scheiben schneiden.
- Butter in einem großen Topf auslassen, die Zwiebeln und das Gemüse darin andünsten.
- Nach ca. fünf Minuten heiße Brühe zugießen und die Kombualgen hinzufügen.
- Nun bei schwacher Hitze etwa eine dreiviertel Stunde garen lassen.
- Nach Ende der Kochzeit die Suppe durch ein Sieb streichen und bei Bedarf mit Salz und Pfeffer abschmecken.

Meeresspaghetti

500 g Spaghetti	1 Knoblauchzehe
300 g Muscheln	200 g Fischfilet
Salz	$1/8$ l Weißwein
100 g kleine Tintenfische	1 eingeweichte Nori
1 Stange Lauch	oder Hiziki
1 Tomate	3 EL Olivenöl

- Muscheln mit einer Bürste säubern und in wenig Salzwasser kochen, bis die Schalen geöffnet sind.
- Tintenfische 15 Minuten in Salzwasser kochen und dann enthäuten.
- Lauch und Tomaten putzen und schälen und diese mit gehacktem Knoblauch in Öl andünsten.
- Das kleingeschnittene Fischfilet, das ausgelöste Muschelfleisch und den Tintenfisch hinzugeben und ca. acht Minuten leicht dünsten.
- Die kleingehackte Alge hinzufügen, Wein zugießen und alles bei kleiner Hitze zehn Minuten ziehen lassen.
- Die bißfest gekochten Nudeln sofort damit anmachen.

Kochrezepte mit Algen

Gemüsespaghetti

500 g Spaghetti	200 g Zucchini
1 Handvoll Aramealgen	200 g Brokkoli
3 kleine Zwiebeln	Salz, Pfeffer, Küchenkräuter
2 Knoblauchzehen	2 EL Olivenöl
3 bunte Paprikaschoten	4 EL Weißwein

- Algen abspülen und in lauwarmem Wasser einweichen.
- Zwiebeln und Knoblauch in Scheiben schneiden und auf kleiner Flamme im Öl dünsten.
- Aramealgen zerkleinern und einige Minuten mitdünsten.
- Weißwein hinzugeben und weitere fünf Minuten ziehen lassen.
- In der Zwischenzeit Paprika, Zucchini und Brokkoli waschen, putzen in kleine Streifen schneiden und in kochendem Salzwasser blanchieren.
- Deckel von der Sauce nehmen, nochmals kurz aufkochen lassen und dann das blanchierte Gemüse zugeben. Weitere fünf Minuten ziehen lassen.
- Mit Salz, Pfeffer und Küchenkräutern abschmecken und über die bißfest gekochten Spaghetti geben.

Bunter Makkaroni-Auflauf

½ Tasse Seepalmenalgen	2 Zwiebeln
8 TL Olivenöl	weißer Pfeffer
300 g Makkaroni	100 g Parmesan
Salz	1 TL Salbei
300 g Auberginen	⅛ l Fleischbrühe
400 g Tomaten	30 g Butter

- In einer Pfanne zwei Teelöffel Olivenöl erhitzen und die Algen knusprig rösten. Nach dem Erkalten mit den Fingern zerkrümeln.
- Makkaroni in reichlich Salzwasser laut Packungsangabe kochen.
- Auberginen waschen, in Scheiben schneiden und mit Salz bestreut ca. zehn Minuten ziehen lassen.
- Tomaten schälen und in Würfel schneiden.
- Öl erhitzen und die Auberginen mit den Zwiebeln goldbraun braten. Mit Salz, Pfeffer und Salbei würzen.
- Makkaroni, Algen, Auberginen, Zwiebeln, Tomaten und die Hälfte des Parmesans in eine Auflaufform schichten.
- Mit Brühe angießen, restlichen Käse verteilen und die Butter in Flöckchen auf den Auflauf setzen.
- Im vorgeheizten Backofen bei ca. 200 Grad Celsius 25 bis 30 Minuten backen.

Kochrezepte mit Algen

Tomatenkuchen mit Basilikum und Hiziki

250 g Mehl
125 g Butter
Salz
6 Eier
3 Tomaten

120 g Sahnequark
200 g geriebenen Gouda
1 Bund Basilikum
1 TL frische oder
getrocknete Algen

- Mehl, Butter, einen Teelöffel Salz, ein Ei und zwei bis drei Eßlöffel kaltes Wasser zu einem Mürbteig kneten und diesen zwei Stunden im Kühlschrank kalt stellen.

- Dann den Teig ausrollen, den Teigboden mit einer Gabel mehrmals einstechen und bei 200 Grad Celsius ca. 20 Minuten im Ofen vorbacken.

- Algen abspülen und in lauwarmem Wasser einlegen.

- Tomaten waschen und in dicke Scheiben schneiden.

- Die restlichen Eier mit dem Quark und dem Käse verrühren. Mit Salz und Pfeffer abschmecken.

- Basilikum und eingeweichte Algen in kleine Streifen schneiden und unter die Eiermasse mischen.

- Boden mit Tomatenscheiben belegen, die Quark- bzw. Eiermasse darauf verteilen und nochmals 30 bis 40 Minuten fertigbacken.

Fruchtgelee

200 g Weintrauben
200 g Erdbeeren
500 g Melone
2 TL Agar-Agar

2 Limetten
0,7 l klaren Traubensaft
2 EL Zucker

- Weintrauben, Erdbeeren und Melone waschen und halbieren bzw. stückeln.
- Agar-Agar mit wenig Wasser kurz quellen lassen.
- Ein achtel Liter Traubensaft zum Kochen bringen, Agar-Agar dazugeben und kurz aufkochen lassen.
- Schale von einer Limette abraspeln; dann beide Limetten auspressen.
- Zucker, Limettensaft und -schale in die gelierte Masse unterrühren und den restlichen Traubensaft hinzufügen.
- Die Hälfte des flüssigen Gelees nun in vier Förmchen gießen und im Kühlschrank fest werden lassen.
- Nun die Früchte in die Förmchen verteilen und mit der anderen Hälfte übergießen.
- Am besten über Nacht kalt stellen. Zum Servieren Gelee vom Formrand lösen und auf Teller stürzen.

Kochrezepte mit Algen

Himbeer-Joghurt-Creme

500 g Himbeeren	1 Ei
100 g Zucker	300 g Vollmilchjoghurt
½ l Himbeersaft	1 TL Zitronensaft
2 TL Agar-Agar	1 Eiweiß

- Himbeeren mit etwas Zucker saften lassen.
- Die Hälfte der Früchte durch ein Sieb streichen, die andere Hälfte in vier Gläser verteilen.
- Himbeersaft zum Kochen bringen.
- Inzwischen das Agar-Agar mit etwas Wasser verrühren und kurz quellen lassen.
- Sobald der Saft kocht, das Agar-Agar einrühren und einige Minuten leicht köcheln lassen.
- Joghurt, Eigelb, Himbeermark und Zitronensaft miteinander verrühren und unter die gekochte Masse heben.
- Creme kalt stellen und nach ca. einer Stunde beide Eiweiß steifschlagen und unterheben.
- Nochmals eine Stunde im Kühlschrank kalt stellen.

Erdbeerkonfitüre

600 g Erdbeeren
300 g Zucker
1 TL Agar-Agar

- Erdbeeren gut waschen, verlesen und mit dem Zucker bestreuen.
- Einige Stunden Saft ziehen lassen.
- Agar-Agar mit wenig Fruchtsaft anrühren und mit den Erdbeeren vermischen.
- Alles in einen Topf geben und bei ständigem Rühren zum Kochen bringen.
- Einige Minuten kochen lassen und dann sofort in gut gewaschene Schraubgläser füllen und verschließen.

Algen und Gesundheit

Algen werden mit gutem Erfolg in der Therapie von vielen verschiedenen Erkrankungen und Befindlichkeitsstörungen eingesetzt. Denn sie enthalten eine Fülle an hochwertigem Eiweiß, große Mengen an Vitaminen und Mineralstoffen und einige spezielle Inhaltsstoffe, die besonders positive Wirkungen auf den Körper haben. Zahlreiche historische Quellen belegen den Einsatz von Algen in der Heilkunst unterschiedlichster Völker.

Im ersten Jahrhundert nach Christi Geburt erwähnte der römische Historiker Plinius der Ältere in seiner 37bändigen Naturgeschichte die Verwendung von Algen als Medizin. Zur gleichen Zeit gebrauchte der griechische Arzt Dioscorides Algen, um Wunden, Verbrennungen und Magen-Darm-Erkrankungen zu behandeln. Auch in den Schriften buddhistischer Mönche finden sich Hinweise auf Algenrezepturen bei Magenschleimhautentzündung und Darmgeschwüren.

In China und Japan standen die Algen zu allen Zeiten als Nahrung und Heilmittel hoch im Kurs. Auf dem indischen Subkontinent wurden sie zu Heilzwecken verwendet, was verschiedene Niederschriften hinduistischer Rezepte belegen können. In einem völlig anderen Kulturkreis als dem asiatischen, nämlich bei den Bewohnern der peruanischen Anden, wurden Algen gebraucht, um Stoffwechselstörungen und Mineralstoffmangel zu kurieren. Als Nahrung und vermutlich auch zu Heilzwecken wurden Algen ebenfalls von

Algen und Gesundheit

den küstennah lebenden Indianern Nordamerikas benutzt. Auch in neuerer Zeit gibt es Beispiele für Algenanwendungen in der Heilkunde. In Griechenland und der Türkei wurden sie z. B. bei Wurmbefall erfolgreich verabreicht. Aufsehenerregend waren in den vierziger Jahren unseres Jahrhunderts die deutlichen Erfolge, die eine Suppe aus Chlorellaalgen in der Behandlung von Leprakranken in Venezuela erzielte. Die Kranken aßen die Suppe über eine Zeitspanne von ein bis drei Jahren.

Die moderne Pflanzen- und Arzneimittelforschung hat schließlich nachweisen können, daß Algen aufgrund ihrer natürlichen Beschaffenheit einen sehr guten Einfluß auf den menschlichen Organismus haben. Bei allem berechtigten Lob für das wertvolle Meeresgemüse darf aber dennoch nicht angenommen werden, daß es ein Allheilmittel ist oder daß es Wunder bewirkt. Algen vermögen Mangelsituationen auszugleichen, Giftstoffe zu binden, deren Ausscheidung zu fördern und den Stoffwechsel auf ideale Weise anzuregen. Und das ist nicht wenig. Langfristig stabilisiert und verbessert ein regelmäßiger Algenkonsum oder die Einnahme von algenhaltigen Nahrungsmittelergänzungen in Kapsel-, Pulver-, oder Tablettenform den Stoffwechsel. Dadurch können Vitalität und Leistungsfähigkeit spürbar gesteigert werden.

Algen ergänzen durch ihren hohen Gehalt an essentiellen Aminosäuren praktisch jede Ernährungsform ideal und versorgen den Körper mit Stoffen, die er sonst vielleicht entbehren müßte. So profitieren besonders strenge Vegetarier oder Makrobioten, die den Verzehr von tierischen Produkten völlig ablehnen, von dem Gehalt an Vitamin B_{12}, Folsäure und Eisen. Auch bei Resorptionsstörungen, das heißt, wenn der

Algen und Gesundheit

Darm nicht in der Lage ist, der Nahrung genug Vitalstoffe zu entnehmen, helfen Algen durch ihr reichhaltiges Nährstoffangebot, die Mangelsymptome zu verbessern. Außerdem bekämpfen Algen die weitverbreitete Azidose, also die Übersäuerung des Organismus durch falsche Ernährung, und unterstützen dadurch die Therapie vieler hartnäckiger und chronischer Erkrankungen. Menschen, die privatem und beruflichem Streß ausgesetzt sind, können aus den Algen neue Kraftreserven schöpfen, obwohl natürlich eine Änderung der Lebensumstände die bessere Therapie wäre. Aber das ist leider nicht immer möglich. Auch die Pharmazeutik macht sich Algen vor allem für Präparate zur Steigerung der Schilddrüsentätigkeit, zur Beeinflussung der Blutgerinnung und zur Behandlung von Darmträgheit zunutze. Zu vielen verschiedenen Erkrankungen und Beschwerden gibt es alte und neuere Berichte, die die erstaunlichen Erfolge der Algentherapie belegen. Auf einige Anwendungsgebiete werden wir in den nächsten Kapiteln genauer eingehen. Dabei werden wir festlegen, welche Algenart bei den jeweiligen Erkrankungen am besten hilft. Algen beweisen auf eindrucksvolle Weise eines der heute leider häufig unbeachteten Grundprinzipien der Natur: Das Ganze ist mehr als die Summe seiner Teile. Werden chemisch isolierte oder hergestellte Mineralstoffe oder Vitamine verabreicht, die bei bestimmten Krankheiten helfen müßten, so läßt sich doch meist nicht dieselbe heilsame Wirkung erzielen wie mit Algen oder anderen Naturprodukten, deren wirksame Bestandteile in ein natürliches Ganzes eingebettet sind. Das Geheimnis der Gesundheit steckt in der Natur selbst, auch wenn diese Kraft wissenschaftlich oft noch so undurchschaubar sein mag.

Das Ausleiten von Giften

Giftbelastung, Amalgam-Intoxikation, Pestizide in Wasser und Boden, chlorierte Kohlenwasserstoffe, Dioxin, PCB (Polychlorbiphenyl), radioaktives Strontium und Cäsium ... die Liste der Giftstoffe, die der Mensch in seinen Lebensraum entläßt, ist lang. Mindestens ebenso lang ist die Liste derjenigen Krankheiten und Beschwerden, die diese Gifte im menschlichen Körper auslösen: angefangen bei Müdigkeit und Abgeschlagenheit, bis hin zu Fruchtbarkeits- und Potenzstörungen, chronischen Entzündungen der Schleimhäute in Rachen, Magen und Darm, allergischen Syndromen wie Nahrungsmittelallergie und dem tödlichen allergischen Status asthmaticus (Lähmung der Atemmuskulatur). Außerdem bewirken diese Gifte zahlreiche Krebserkrankungen. Spätestens seit der Reaktorkatastrophe in Tschernobyl 1986 ist unsere Umwelt um ein durch Menschen verursachtes Übel reicher: die Belastung mit großen Mengen langlebiger hochradioaktiver Substanzen.

Wir wollen uns im folgenden mit den Möglichkeiten befassen, die uns Meeres- und Süßwasseralgen bei der Entgiftung unseres Körpers bieten. Natürlich gibt es von der pharmazeutischen Industrie einige chemisch genau definierte Stoffe, die bestimmte Gifte im Körper binden und zur Ausscheidung bringen können, aber die Einnahme dieser Arzneien ist in der Regel mit nicht unerheblichen Nebenwirkungen verbunden, die selbst bei hohem Algenkonsum in keiner Weise auftreten. So kann z. B. ein gängiges Mittel zur Schwermetallausleitung, das DMPS, zu allergischen Ekzemen, Übelkeit, Schüttelfrost, Fieber und einer erhöhten Belastung von Leber

Algen und Gesundheit

und Nieren führen. Algen wirken wohl nicht in demselben Maße quecksilberausleitend wie DMPS, haben aber keine unerwünschten Nebeneffekte und können auch von Schwangeren ohne Bedenken eingenommen werden. Das kann man von DMPS noch nicht mit Sicherheit behaupten. Sollten Sie also beabsichtigen, sich in nächster Zeit Ihre Schwermetalldepots aus den Zähnen entfernen zu lassen, dann ist es sicher sinnvoll, neben pflanzlichen und homöopathischen Mitteln für einige Wochen auch Algenpräparate, z. B. Spirulina, in hoher Dosierung einzunehmen, um die Ausleitung des im Körper freigewordenen Quecksilbers zu fördern. Eine akute Schwermetallvergiftung verlangt aber sicher nach drastischer wirkenden Mitteln aus dem Chemielabor.

Von der hohen Bindungskraft der in allen Braunalgen enthaltenen Alginsäure haben wir schon weiter oben gesprochen. Auch die reichlich vorhandenen Schleimstoffe, die Algen vor Austrocknung und Giftkontakt schützen, helfen, den Darm zu beschichten und die Aufnahme von Giften aus der Nahrung zu minimieren. Mehrere Untersuchungen haben in den letzten Jahren gezeigt, daß Algen in der Lage sind, sich mit Schwermetallen und anderen Giften zu unlöslichen Makromolekülen zu binden, durch die Schadstoffe einerseits biologisch deaktiviert werden und andererseits leichter ausgeschieden werden können. Bereits 1964 zeigten Untersuchungen an der kanadischen MacGill-Universität, daß die Algin- und die Galvansäure der Braunalgen die Aufnahme von radioaktivem Strontium 90 verhindern. Darüber hinaus gehen komplexe, saure Polysaccharide aus den Zellwänden der Algen mit Metall-Ionen unlösliche Verbindungen ein. Bestimmte carotinähnliche Substanzen, z. B. das Sporopollenin der Chlorella, scheinen ähnliche Effekte zu haben. Agrar- und Industriegifte sowie Abgase sind in unserer modernen Welt allgegenwärtig und lassen sich auch nicht durch kontrolliert biologische Nahrungsmittel völlig vermeiden. Algen können aber den Körper unterstützen, diese Giftstoffe zu binden und auszuscheiden.

Algen und die Kinder von Tschernobyl

In der Zeit vom Herbst 1996 bis zum Frühjahr 1997 wurde an der Klinik des wissenschaftlichen Forschungsinstituts für Strahlungsmedizin in Minsk, Weißrußland, mit zehn- bis 16jährigen Strahlenopfern der Atomreaktor-Katastrophe in Tschernobyl eine Untersuchung bezüglich der Wirkung von Spirulina auf die Strahlungsbelastung des Körpers durchgeführt. Alle Kinder litten an schweren Defekten des Immunsystems, Geschwüren in Magen und Darm, Schilddrüsenerkrankungen, Blutbildveränderungen und Allgemeinsymptomen wie Reizbarkeit, Müdigkeit, Bauch- und Kopfschmerzen und Darm- sowie Nasenblutungen. Zwei Gruppen von Kindern wurden jeweils 21 Tage lang mit täglich vier Gramm Spirulina, bzw. Spirulina plus, sowie mit dem Spurenelement Selen behandelt. Im Vergleich zu Kindern, die keine Spirulina eingenommen hatten, stieg die Ausscheidung von radioaktiven Elementen (Cäsium 137, Kalium 40, Strontium 90) im Urin zunächst an, lag aber am Ende der Einnahmezeit deutlich unter dem der Kontrollgruppe. Dies zeigt, daß Spirulina in der Lage ist, radioaktive Metall-Ionen zu binden und auszuscheiden. Bei den Kindern, die zusätzlich den Radikalfänger Selen bekommen hatten, war dieser Effekt noch stärker ausgeprägt.

Auch das Blutbild der behandelten Kinder verbesserte sich, die Zahl der Leukozyten (weiße Abwehr-Blutzellen) sowie des roten Blutfarbstoffes Hämoglobin und die der roten Blutkörperchen stiegen an, Glucose- und Cholesterinwerte sanken etwas ab. Letzteres bestätigt auch die naturheilkundliche Anwendung von Algen bei der Behandlung von erhöhtem Blutzucker und zu hohem Cholesterinspiegel. Erfreulicherweise verbesserte sich auch die körperliche Konstitution der Kinder, auch die Lern- und Gedächtnisleistungen nahmen deutlich zu. Dies ist auf die essentiellen und nicht-essentiellen Aminosäuren zurückzuführen, die in den Algen reichlich und in ausgewogener Quantität vorhanden sind. Methionin, Phenylalanin, Tryptophan, Valin, Arginin, Glutaminsäure und andere Aminosäuren sind wahre Kraftnahrung für Gehirn und Gemüt und unterstützen besonders Kinder und streßgeplagte Menschen. Die Verbesserung des Immunsystems und des Blutbildes der Tschernobyl-Kinder bestätigt Ergebnisse, die die Behandlung mit Algen auch in der Krebs- und Allergiebehandlung gezeigt habt.

Entgiftung von Pestiziden und Insektiziden
In Japan wurden Patienten, die Vergiftungserscheinungen durch PCB und das Insektizid Chlordecon aufwiesen, mit der Süßwasseralge Chlorella pyrenoidosa behandelt. Auch hier zeigte sich, daß die Alge in der Lage ist, giftige Substanzen unlöslich zu binden und zur Ausscheidung zu bringen. Da Chlordecon Beschwerden wie Kopf- und Gliederschmerzen, Zittern, Gehstörungen, Leber- und Milzvergrößerung und Potenzstörungen verursacht, kann man sich vorstellen, wie wichtig die Minderung der Giftbelastung für die Betroffenen

ist. Andere Studien konnten auch belegen, daß Chlorella Quecksilber, Kupfer, Blei, Uran und Cadmium absorbieren und binden kann. Grundsätzlich kann Chlorella, wie viele andere Algen, die Entgiftungsfähigkeit der Leber steigern und vermag sogar, die Leberzellen vor Schadstoffen zu schützen. Das ist sehr wichtig, da die Leber unsere große »chemische Fabrik« ist und mit allen Stoffen konfrontiert wird, die wir unserem Körper zumuten. Algen eignen sich also auch zur unterstützenden Behandlung und Vorbeugung von alkoholischen und medikamentösen Leberschäden.

Candida albicans

Candida albicans ist ein Hefepilz, der, im wahrsten Sinne des Wortes, in unser aller Munde und vor allem im Darm vorkommt. Im Normalfall leben die meisten Pilze, Viren und Bakterien, die Krankheiten verursachen, recht friedlich mit Menschen, Tieren und Pflanzen zusammen. Ein gesunder Organismus kann dank seines Immunsystems übermäßige Vermehrungstendenzen von Mikroorganismen im Zaum halten. Großer Streß, falsche Ernährung, Antibiotika oder Umweltgifte können einerseits den Zustand unseres Körpers zugunsten der Keime verändern und andererseits den Organismus so sehr schwächen, daß z. B. Candida albicans sich explosionsartig vermehren und zu mannigfachen Gesundheitsstörungen führen kann.

In der Regel legt den Grundstein für den Candida-Befall die Übersäuerung des Organismus durch eine Ernährung, die zu reich an Eiweiß und Kohlenhydraten ist. Candida besiedelt zunächst die Schleimhäute von Mund, Speiseröhre, Magen und Darm, später auch von Blase und Vagina. Symptome sind Blähungen, Durchfall, Verstopfung, Jucken und Brennen in Mund, Hals, Vagina und am After. Dazu kommen dann Müdigkeit, Leistungs- und Konzentrationsschwäche, Übelkeit, Schwindel und Kreislaufregulationsstörungen. Wird die Verbreitung des Pilzes nicht eingedämmt, treten auch Ekzeme, Akne und Schuppenflechte auf. Ist der Darm erst einmal geschädigt, können unvollständig verdaute Eiweißstoffe durch die Darmwand hindurch ins Blut gelangen und dort zu Unverträglichkeiten und Allergien führen.

Candida-Befall ist ein Chamäleon unter den Krankheiten: Jeder Mensch kann zunächst mit unterschiedlichen Symptomen reagieren. Auch Stuhluntersuchungen sind nicht immer zuverlässig, da sich die Pilze im Darm regelrecht einnisten und so gut von den Darmfalten geschützt sind, daß unter Umständen eine Laboruntersuchung im Stuhl nichts feststellen kann. Darum dauert es manchmal relativ lange bis die Krankheit richtig erkannt und durch geeignete Diät und Behandlung bekämpft werden kann. Ohne streng eingehaltene, kohlenhydratarme Ernährung und den weitgehenden Verzicht auf tierisches Eiweiß ist die Candida-Bekämpfung aber von vornherein zum Scheitern verurteilt. Kohlenhydrate in jeder Form, besonders Zucker, sind die Leibspeise von Candida albicans. Also müssen die Betroffenen auch Honig, Fruchtzucker und süßes Obst vermeiden.

Bei dermaßen aggressiven Organismen wie entgleisten Hefepilzen dürfen von Algenpräparaten keine Wunder verlangt werden. Dennoch können sie einen wesentlichen Beitrag zur Heilung leisten, wenn sie sinnvoll in eine umfassen-

Candida albicans

de Therapie eingebaut werden. Spirulina enthält z. B. natürliche, antibiotisch wirkende Substanzen, die das Pilzwachstum eindämmen, ohne die natürliche Darmflora zu schädigen. Spirulina hilft bei regelmäßiger äußerlicher Anwendung als Packung sogar bei Pilzbefall der Haut. Besonders wertvoll sind bei der strengen Anti-Pilz-Diät natürlich die hochwertigen Eiweiß- und Mineralstoffe der Algen wie auch ihre Vitamine. Diätbedingte Mangelerscheinungen können damit praktisch ausgeschlossen werden. Darüber hinaus unterstützt das Chlorophyll die Heilung der angegriffenen Darmwände, und Mineralstoffe wie Magnesium und Zink fördern die Regenerierung der kaputten Schleimhäute. Der hohe Gehalt an Beta-Carotin schützt als Antioxidans die Körperzellen vor freien Radikalen. Das sind aggressive Molekularteilchen, die gesunde Zellen schädigen. Auch einem Mangel an B-Vitaminen, der bei Candida-Befall öfter auftritt, kann durch Algenpräparate vorgebeugt werden. Algen liefern also im Grunde alle nötigen Nährstoffe, die bei einer Pilz-Behandlung nötig sind. Allerdings ist es dann nicht ausreichend, gelegentlich eine Prise getrockneter Algen ins Gemüse oder über den Salat zu streuen, sondern es müssen Algenpräparate nach Vorschrift des Therapeuten oder des Herstellers täglich eingenommen werden. Besonders eignet sich hierzu Spirulina. Sehr wichtig im Zusammenhang mit einer Candida-Therapie ist die Entsäuerung des Organismus, da ein zu niedriger pH-Wert in der Regel die Voraussetzung für ein massives Candida-Wachstum ist. Algen sind – wie alle Gemüse – extrem basische Nahrungsmittel, die der Übersäuerung des Körpers entgegenwirken. Das Thema Entsäuerung wird uns im Kapitel »Fasten mit Algen« noch eingehender beschäftigen.

Algen und Gesundheit

Krebstherapie mit Algen

Die Algenforschung hat in den letzten Jahren zu ermutigenden Ergebnissen in der Tumortherapie geführt. Wie etwa bei Allergien und vielen anderen Erkrankungen ist bei der Krebsentstehung die Abwehrkraft des Menschen von entscheidender Bedeutung. Täglich bilden sich Tausende von Krebszellen im Organismus jedes Menschen. Normalerweise werden sie sofort als entartete Zellen erkannt und von den Immunzellen zerstört. Bestimmte Faktoren wie erbliche Veranlagung, Kontakt mit krebserregenden Stoffen, langjährige Fehlernährung und starke psychische Belastung können das Verhältnis von Tumorzellwachstum zu Tumorzellzerstörung durch das Immunsystem zugunsten des Tumorgewebes verschieben. Krebs entsteht und wird autark. Bestimmte natürliche Substanzen, die in einer vollwertigen Ernährung enthalten sind, unterstützen die Tätigkeit des Immunsystems und fördern damit auch die Krebsabwehr. Als Beispiel seien der rote Farbstoff Anthocyan genannt, der in tiefrotem Obst und Gemüse vorkommt, das Vitamin C oder auch das Beta-Carotin. Beta-Carotin und viele Vitamine sind auch reichlich in Algen zu finden.

Braunalgen und Krebs

In Japan, wo die Braunalgen in großen Mengen verzehrt werden, ist die Brustkrebsrate bei Frauen deutlich geringer als in anderen Ländern ohne nennenswerten Algenkonsum. In ländlichen Gegenden zeigt sich dieser Effekt noch deutlicher als in der Stadt. In Braunalgen kann der Wirkstoff Fucoidan isoliert werden, der bei Versuchen eine deutliche tumorhemmende Wirkung gezeigt hat. Fucoidan hat eine stärkende Wirkung auf das Immunsystem und regt die Neubildung und die Aktivität von Abwehrzellen an. Fucoidan ist in den meisten Braunalgen enthalten, z. B. in Blasen- und Knotentang, den Laminariae wie Kombu, Kelp und Arame oder auch in Wakame. Besonders durch die Kombination mit den anderen wertvollen Inhaltsstoffen, die Algen in natürlicher Form besitzen und die eine hohe Bioaktivität haben, konnten gute Erfolge bei der Vorbeugung von Brust- und Bronchialkrebs und bei der Hemmung bestehender Carzinome erzielt werden. Entsprechende Ergebnisse brachten Experimente mit einem Extrakt aus der Alge Ascophyllum nodosum, die 1996 in Frankreich am »Laboratoire de Pharmacologie Marine« in Nantes durchgeführt wurden. Sowohl im Labor als auch in der Behandlung von Patienten mit Bronchialkrebs konnte eine tumorhemmende Wirkung festgestellt werden.

Spirulina und Krebs

Auch Spirulina, die Alge, die nach neueren Klassifizierungen eigentlich ein Blaubakterium ist, wiesen Untersuchungen eindeutig krebshemmende Effekte nach. So konnte gezeigt werden, daß der blaue Farbstoff Phycocyan, der in Rot- und Blaualgen und auch zu 15 Prozent in Spirulina enthalten ist, bei Mäusen mit Lebertumor die Immunantwort deutlich verstärkt. Phycocyan verbessert die normale Zellfunktion und mindert die Rate an bösartigen Zellentwicklungen bei der Zellteilung. Außerdem hemmt sie deutlich die Tumorzellteilung. In Spirulina wie auch in den meisten Algen sind aber noch zahlreiche andere Substanzen enthalten, die die Krebsentstehung und -vergrößerung eingrenzen können. So sind

z. B. die natürlichen Carotinoide der Algen dem synthetisch im Labor hergestellten Beta-Carotin in der Wirksamkeit deutlich überlegen. Beta-Carotin ist eine Vorstufe des Vitamin A, das tumorhemmend wirkt. Das Spurenelement Selen hat die Fähigkeit als Radikalfänger die Wirksamkeit von Umwelt-Schadstoffen und von Schwermetallen wie Cadmium, Quecksilber und Blei zu senken. Selenmangel, der über lange Zeit besteht, führt außerdem zu einer deutlichen Schwächung des Immunsystems, ebenso wie chronischer Zinkmangel. Auch die zweifach ungesättigte Linolsäure, eine essentielle Fettsäure, die unser Körper nicht selbst herstellen kann, ist für immunologische Vorgänge von großer Bedeutung. Spirulina enthält etwa 0,135 Gramm Gamma-Linolsäure in zehn Gramm Trockengewicht.

Algenpräparate können daher einen wertvollen Beitrag leisten, um unsere Zivilisationskost, die immer ärmer an essentiellen Spurenelementen wird, zu ergänzen.

Krebstherapie verlangt Eigenleistung

Beim Deutschen Krebsforschungszentrum in Heidelberg erfährt man, daß etwa 90 Prozent aller Krebserkrankungen umwelt- und ernährungsbedingt sind. Rund 35 Prozent dieser Erkrankungen gehen auf das Konto einer langjährigen Fehlernährung. Eine Umstellung der Agrarbetriebe, der Lebensmittelindustrie und der Werkskantinen auf eine vitalstofferhaltenden Erzeugung und Verarbeitung von Lebensmitteln ist zur Zeit leider nicht in Sicht. Wirtschaftliche Gründe verlangen nach gigantischen Erntemengen, ohne Rücksicht auf Verluste. Wir haben es aber selbst in der Hand, unsere Ernährung umzustellen, durch unser Kaufverhalten der Industrie Signale zu geben, gewisse Risikofaktoren wie Alkohol- und Nikotinmißbrauch einzuschränken und den Konsumzwang einzudämmen. Einen Anfang kann die Ernährungsergänzung mit Algenpräparaten machen – das ist besonders für Menschen, die aus beruflichen oder aus logistischen Gründen, einer hohen Schadstoffbelastung ausgesetzt sind, eine ideale Art, Krebsprophylaxe zu betreiben. Auch bei familiärer Krebshäufung, bei Passiv- und Aktivrauchern und älteren Menschen kann die Stärkung der Immunkräfte durch das Naturprodukt Alge einen sinnvollen Schutz vor der Krebsentstehung bieten.

Weitere Heilanwendungen

Rheumatismus, Gicht, Arthritis, Arthrose

Schmerzen in der Wirbelsäule und im Gelenkbereich (Hüften, Knien, Fingern etc.), bedeuten für viele Menschen eine qualvolle Einschränkung ihrer Bewegungsfähigkeit und ihrer Lebensqualität. Die Ursachen für die über 50 verschiedenen Formen von entzündlichen Gelenkerkrankungen sind vielfältig. Man spricht von erblicher Veranlagung, Störungen des Immunsystems, Intoxikation über die Nahrung oder einem schlecht funktionierenden Darm, Übersäuerung des Körpers durch Fehlernährung, Genußmittelmißbrauch und vielem mehr. Fest steht, daß Algen auch bei diesen Beschwerden lindernd und heilend wirken können. Packungen und Umschläge erleichtern die Schmerzen und regen die Durchblutung an; dadurch werden die schlecht durchbluteten Gelenke gereinigt und mit Nährstoffen versorgt. Die innere Anwendung von Algen hilft, den Cholesterin- und Harnsäurespiegel zu senken, der die Entzündungsprozesse fördert und verursacht; außerdem wird dadurch die Übersäuerung des Körpers neutralisiert. Algen schützen zudem die bei Rheumatikern oft angeschlagene und für Giftstoffe und Fremdeiweiße durchlässige Darmschleimhaut. Bei der rheumatoiden Arthritis führen nämlich Überreaktionen der Abwehrzellen auf Viren, Giftstoffe und Eiweißkörper, die z. B. über den Darm ins Blut gelangt sind, zu Gelenkentzündungen. Die übermäßig aktiven Abwehrzellen, wie die Makrophagen (Freßzellen), zerstören nämlich auch körpereigenes Gewebe, in diesem Fall den Gelenkknorpel. Die Knochenenden beginnen, aneinanderzureiben, es entstehen die schmerzhaften Entzündungen und Gelenkverformungen.

Algen wirken regulierend auf das Immunsystem, wie wir bei dem Thema Allergien noch sehen werden, und schwächen diese Überreaktionen ab. Sie aktivieren zwar einerseits die Freßzellen, regulieren aber andererseits deren Tätigkeit durch die Stimulierung der körpereigenen Interferonbildung. Interferon ist ein wirkungsvoller Regulator des Immunsystems und bekämpft rheumatoide Arthritis. Seit einiger Zeit werden die Algenpackungen und -bäder und die Einnahme von Algen in der Rheumatherapie auch durch Injektionen mit Algenpräparaten ergänzt. Steril aufbereitete Algenextrakte werden, mit Procain kombiniert, direkt in den Bereich der kranken Gelenke gespritzt. Das Procain wirkt schmerzstillend und schaltet Störfelder im Injektionsbereich aus. Gekoppelt mit einer überwiegend pflanzlichen Vollwertkost und mit Algenpräparaten zum Einnehmen sowie mit pflanzlichen und homöopathischen Mitteln, kann man oft eine deutliche Besserung der

Beschwerden erreichen. Manchmal läßt sich sogar eine prothetische Operation verhindern oder wenigstens hinauszögern. Wirkungsvoll bei rheumatisch-gichtischen Erkrankungen sind besonders die Braunalgen, außerdem Spirulina und die Süßwasseralgen Chlorella und Scenedesmus.

Arteriosklerose und Bluthochdruck

Die Hypercholesterinämie, also erhöhte Cholesterinwerte im Blut, ist eine der Hauptursachen für die in Industrieländern so weit verbreitete Arteriosklerose, die Verengung der Blutgefäße durch Cholesterinablagerungen. Cholesterin an sich ist kein gefährlicher Stoff: Jede Körperzelle braucht es, um ihre schützende Zellhülle aufbauen zu können. Nur wenn zuviel Cholesterin im Blut ist und die verschiedenen Cholesterinarten in einem ungünstigen Mengenverhältnis zueinander stehen, ergeben sich Probleme. Eine fettreiche und ballaststoffarme Ernährung sorgt für einen überproportionalen Anstieg des schädlichen LDL-Cholesterins im Verhältnis zum gesunden HDL-Cholesterin. Die Folge: verengte Blutgefäße werden starr und führen zu einer Mangeldurchblutung von Organen und Muskulatur. Um dies auszugleichen, erhöht sich dann meist der Blutdruck, damit mehr Blut in die schlecht versorgten Gebiete gebracht werden kann. Dies hilft aber nur vorübergehend, belastet die Blutgefäße noch zusätzlich und kann sogar einen Schlaganfall oder einen Herzinfarkt bewirken.

Untersuchungen mit Algen haben gezeigt, daß Spirulina, Chlorella, aber auch Hiziki, Nori und andere Speisealgen einen cholesterinsenkenden Einfluß haben. Auch scheinen sogenannte Porphyrine, die mit dem roten Blutfarbstoff Hämoglobin und mit Chlorophyll verwandt sind, einen heilenden Effekt auf das Gewebe zu haben. Zudem heften sie sich an die Plaques in den Gefäßen und können deren Wachstum stoppen. Porphyrine entstehen im Körper aus dem in den Algen reichlich vorhandenen Chlorophyll. Auch Phospho- und Glycolipide, das heißt in Öl lösliche Bestandteile von Mikroalgen, können den Cholesterinspiegel im Blutserum absenken. Chlorophyll fördert auch die Kraft des Herzmuskels. Vor allem von der Braunalge Kelp wird gesagt, daß sie imstande sei, leichte Herzschwäche zu bessern. Sie lindert Atemlosigkeit, Herzklopfen und Brustschmerzen. Das bedeutet selbstverständlich nicht, daß Algen in der Lage sind, Herzmedikamente zu ersetzen.

Immunstärkung

Am klinisch-morphologischen Institut der Universität Herdecke wurde eine Studie durchgeführt, die bewies, daß die regelmäßige Einnahme des Algen-Komplexes aus dem Laboratoire Physio-Estétique in Saarbrücken, die sogenannte Paramunität des Menschen steigern kann. Es wurden 30 Tage lang je dreimal zwei Algen-Komplex-Kapseln verabreicht, in denen Wirkstoffe von zwölf verschiedenen Speisealgen enthalten waren. Dabei wurde festgestellt, daß die Zahl von Leukozyten, den weißen Abwehrzellen, deutlich anstieg. Erhöhte Paramunität bedeutet, daß nicht, wie bei einer Impfung, die Abwehr gegen ganz spezielle Erreger gesteigert wird, sondern allgemein eine Erhöhung der Widerstandskraft gegen eine Vielzahl verschiedener Erreger und Giftstoffe vorliegt. Allerdings hält dieser algeninduzierte Effekt nach dem Ende der Einnahme nur etwa sieben Tage an. Trotzdem zeigt dies, daß

Algen zur Vorbeugung von Infektionskrankheiten sehr geeignet sind und auch bei bestehenden Erkältungskrankheiten oder anderen Infekten die Abwehrkraft steigern können.

Allergien

Nahrungsmittelallergien, Heuschnupfen, allergisches Asthma, allergische Ekzeme und allergiebedingte Gelenkentzündungen sind ein Übel, von dem immer mehr Erwachsene und vor allem auch Kinder betroffen werden. Die Ursachen liegen sicher in der Fülle von Chemikalien in unserer Umwelt, den zahlreichen durch industrielle Herstellungstechniken verfremdeten Nahrungsstoffen und der Überlastung der Psyche durch Reizüberflutung und Lärm. Ein derart überlastetes Immunsystem reagiert schnell übertrieben auf eigentlich harmlose Reize, wie z. B. Blütenpollen oder Eiweiß. Wie wir schon bei der Krebstherapie und den rheumatischen Erkrankungen festgestellt haben, helfen bei Allergien Algen auch aufgrund ihrer immunmodulierenden, das heißt das Immunsystem regulierenden, Fähigkeiten.

Bei Allergien ist die Stimulation der Freßzellen besonders wichtig: Durch diese werden fremde Eiweißkörper, die eine allergische Reaktion auslösen könnten, schneller zerstört und ausgeschieden. Der hohe Gehalt an Beta-Carotin, das als Vorstufe von Vitamin A mit diesem zusammen für die Reparatur und Stärkung der Schleimhäute verantwortlich ist, wirkt direkt an den Schleimhäuten von Bronchien, Rachen und Nase und schützt die Darmschleimhaut gegen allergenisierende Fremdstoffe. Auch die Gamma-Linolsäure und andere mehrfach ungesättigte Fettsäuren helfen dem Organismus, allergische Reaktion zu vermeiden. Algenpräparate,

Algen und Gesundheit

z. B. aus Spirulina oder Chlorella, müssen allerdings mindestens drei Monate lang eingenommen werden, bevor mit einer Besserung der Beschwerden zu rechnen ist. Dies ist zwar eine lange Zeit und verlangt viel Geduld und Vertrauen in die Kräfte des Meeres, aber das Ergebnis ist dauerhaft und ohne Nebenwirkungen.

Schilddrüsenunterfunktion
Eine Unterfunktion der Schilddrüse kann zu Beschwerden wie Müdigkeit, Lustlosigkeit, Muskelschwäche, starker Kälteempfindlichkeit, Schwächung von Nägeln, Haaren und Haut sowie Gewichtszunahme führen. Für die optimale Funktion der Schilddrüse ist Jod unerläßlich. Dies war der Hauptgrund für die Einführung des künstlich jodierten Speisesalzes im lebensmittelverarbeitenden Gewerbe. Allerdings ist die Anreicherung von Lebensmitteln mit künstlich jodiertem Salz keineswegs unumstritten was ihre Wirkung auf den Organismus betrifft. Auch scheint synthetisches Jodsalz bisher die Zahl der Schilddrüsenerkrankungen nicht verringert zu haben.

Viel effektiver wirkt hingegen das in Meeresalgen natürlich gebundene Jodit. Es stimuliert eindeutig die Funktion der Schilddrüse. In Apotheken werden heutzutage aus Blasentang und Kelp gewonnene Präparate angeboten, die den Körper mit einer ausreichend hohen Jodmenge versorgen können. Oft reicht aber die Verwendung von Meeresalgen in der täglichen Küche schon völlig zur Jodversorgung aus. Bevor man aber eine intensive Einnahme von Jodpräparaten beginnt, muß man immer einen Arzt aufsuchen, damit dieser eine Untersuchung der Schilddrüse vornimmt; auf diese Weise kann eine eventuell vorhandene Überfunktion derselben festgestellt werden. Sollte dies der Fall sein, müßte von einer Jodkur abgesehen werden.

Beschwerden im Verdauungstrakt

Chronische Verstopfung als Folge von Darmträgheit ist ein weitverbreitetes Übel in den industrialisierten Ländern. Abführmittel gehören tatsächlich zu den meistverkauften Medikamenten überhaupt! Folgen unzureichender Darmentleerung sind Blähungen, Unwohlsein, Völlegefühl und auch regelrechte Erkrankungen, die durch Fäulnis- und Gärungsgifte entstehen. Diese wiederum bilden sich, wenn der Nahrungsbrei zu lange im Darm bleibt. Dies kann auch zur Zerstörung der Darmschleimhaut führen, die durchlässig wird für Allergene und unfähig ist, die benötigten Nährstoffe aufzunehmen und ins Blut abzugeben. Pilze und Bakterien können den Darm besiedeln und die Situation noch verschlimmern.

Algen geben durch ihren hohen Anteil an unverdaulichen Zellulosefasern dem Darm wieder einen Reiz zum Arbeiten, so daß die konzentrierten Eiweiße, Fette und Kohlenhydrate verdaut werden, bevor sie zu Faulen anfangen. Diesen Effekt hat prinzipiell jede Pflanzen- und Vollgetreidekost, aber die Algen schützen und pflegen zusätzlich Magen und Darm mit ihren Schleimstoffen, sind entzündungshemmend und bieten dem Körper genug Mineralien an, um sich wieder aufzubauen. Die Rotalgen Irisch Moos (Carragheen) und Agar-Agar wirken besonders schützend auf den Darm. Auch Nori ist durch seine stark antibakteriellen Wirkstoffe bei Darminfektionen ein ausgezeichnetes Mittel. Das gilt ebenso für alle Braunalgen. Die Süßwasseralge Chlorella und auch die Spiru-

Algen und Gesundheit

lina erreichen sogar bei Entzündungen der Bauchspeicheldrüse gute Ergebnisse. Besonders Spirulina sollte in keiner Reiseapotheke fehlen: Sie ist nämlich ein erstklassiges Erste-Hilfe-Mittel bei Durchfall!

Nährstoffmangel

Zeiten großer psychischer Belastung im Beruf oder im Privatleben bringen oft einen besonders hohen Verbrauch an Vitaminen und Mineralien mit sich. Auch in der Schwangerschaft, nach schweren Erkrankungen oder im Alter ist der Nährstoffbedarf besonders hoch. Algen bieten alle nötigen Stoffe in idealer, natürlicher Form und können so dazu beitragen, die Depots wieder aufzufüllen, die wir brauchen, um dem Streß gewachsen zu sein. Besonders Dulse eignet sich aufgrund des hohen Eisengehaltes auch bei Blutarmut (Anämie), die auf Eisenmangel zurückzuführen ist. Hier nützen auch Nori, Wakame, Kombu, Spirulina und Chlorella. Die Vitamine B_1 und B_{12} sowie Zink und Magnesium sind gute Aufbaustoffe bei Schwäche und Hinfälligkeit. Und die essentiellen Aminosäuren bilden die reinste Kraftnahrung für gute Konzentrationsfähigkeit und Gedächtnis.

Frauenleiden

Vor allem die Algen aus der Familie der Laminariae, z. B. Arame, Wakame, Kombu, Kelp und die verschiedenen Tange, werden in der traditionellen japanischen Volksheilkunde erfolgreich gegen einige typische Frauenleiden eingesetzt, darunter unregelmäßige Monatsblutungen, Ausfluß und das prämenstruelle Syndrom.

Das Fasten mit Algen

Fasten ist ohne Zweifel eines der ältesten Naturheilverfahren überhaupt. Es hilft dem Körper, sich von den giftigen Stoffwechselschlacken zu befreien, wirkt der Übersäuerung des Gewebes entgegen und bringt dem Fastenden, wenn dieser es bewußt praktiziert, nicht nur körperliche, sondern auch seelische Erfrischung. Fasten ist nicht nur für Übergewichtige und Kranke von großem Nutzen, sondern für all diejenigen, die gesund bleiben und den eigenen Körper regelmäßig entschlacken wollen. Viele Naturärzte und Heilpraktiker sehen in der Fastenkur eine preiswerte Therapie, die außerdem für den Patienten keine Nebenwirkungen hat; sie bringt bei vielen Leiden oft erstaunliche Erfolge: Bei Pilzbefall des Körpers z. B., aber auch bei Arthrose, Rheuma, Gicht, Asthma, Bronchitis, Migräne, bei manchen Hauterkrankungen, Magen-Darm-Leiden, Konzentrationsstörungen, erhöhtem Cholesterinspiegel und sogar bei Krebserkrankungen können durch sinnvolles, ärztlich überwachtes Fasten deutliche Besserungen oder gar eine Heilung eintreten.

Oft berichten Menschen, die gefastet, ihre Ernährung umgestellt und ihren Darm gereinigt haben, auch von verbesserter geistiger Aufnahmefähigkeit, gesteigerter Phantasie und seelischer Lockerung. Eine Geißel unserer modernen, »sitzenden Industriegesellschaft« ist die Fehlernährung: zuviel Fett, zu viele Kohlenhydrate und ein Mangel an Faserstoffen, die die Verdauung fördern. Fertiggerichte, schnelle Küche,

Das Fasten mit Algen

Kantinenessen und Konserven liefern darüber hinaus meist eine an Mineralstoffen und Vitaminen völlig arme Mahlzeit. Folgen dieser Vitalstoff-Unterernährung sind Zivilisationserscheinungen wie Übergewicht, eine steigende Zahl an Herzinfarkten und Schlaganfällen, Arthrose, Rheuma, Gicht und Diabetes.

Fasten – ein Teil des Lebens

Die vorübergehende Nahrungskarenz ist ein ganz normaler Bestandteil unseres Lebens. Schon die Pausen zwischen den Mahlzeiten sind für den Organismus wichtig, damit er der Nahrung alle wertvollen Bestandteile in Ruhe entziehen und die unverdaulichen Reste zur Ausscheidung bringen kann, ohne daß Fäulnis- und Gärungsgifte entstehen. Auch die Nacht sollte alleine der Stoffverwertung und Reinigung des Körpers vorbehalten bleiben. Nahrungsaufnahme schadet hier, weil der Körper dann für die Verdauung Kräfte von seiner Reinigungsarbeit abziehen muß. Das englische Wort »Breakfast«, also »Fastenbrechen« für das Frühstück, weist einleuchtend auf diesen Zusammenhang hin. Akut kranke Kinder verweigern oft die Nahrungsaufnahme für einige Tage. Dann sollte man sie auf keinen Fall zum Essen zwingen, denn der Körper braucht z. B. seine ganze Kraft, um mit Grippeerregern fertigzuwerden und würde durch die Nahrungsaufnahme eher geschwächt als gestärkt. Einzig auf reichliches Trinken ist zu achten, besonders, wenn das Kind Fieber hat.

An dieser Stelle wären wir auch schon bei einer sinnvollen Einsatzmöglichkeit für Algen angekommen. Ein bis drei Teelöffel Spirulinapulver oder zehn bis 15 Tabletten pro Tag können den Organismus des Kindes mit allen nötigen Vitalstoffen und Proteinen versorgen, die es braucht, um gesund zu werden. Außerdem regt die Algenkost auch noch das Immunsystem schnell und zuverlässig an. Mit etwas Obst- oder Gemüsesaft oder einer lauwarmen Tasse Pfefferminztee vermischt, schmeckt das Algenpulver ganz gut und wird gerne getrunken. Die Angst, durch eine vorübergehende Fastenkur kraftlos zu werden oder gar zu verhungern, ist sowieso völlig unbegründet. Im Gegenteil: ärztlich überwachte Fastenkuren mit völligem Verzicht auf feste Nahrung haben sogar bewiesen, daß viele Menschen ausgesprochen leistungsfähig werden, wenn die Hungerkrisen der ersten Tage überwunden sind und der Reinigungsprozeß in vollem Gange ist. Der Nahrungsentzug bedeutet nämlich auch, daß gewaltige Energiereserven frei werden, die sonst durch die Verdauungstätigkeit gebunden sind. Etwa 30 Prozent (!) aller aufgenommenen Nahrungskalorien benötigen wir alleine für die Verdauung. Wird der Körper von dieser Arbeit entlastet, kann er erhebliche Reserven mobilisieren. Für viele Naturvölker ist die Fähigkeit, magere Zeiten zu überstehen, schon immer eine Art Lebensversicherung gewesen; daran können sich die älteren Generation Europas aus Kriegszeiten sicher noch erinnern. Interessanterweise gab es trotz aller Not in der Nachkriegszeit weniger Herzinfarkte und degenerative Erkrankungen als heute.

Die verschiedenen Fastenformen

Allzuoft fragt sich der fastenwillige Mensch, welche der unzähligen Fasten- und Entschlackungskuren, die jedes Frühjahr in praktisch jedem Gesundheits-, Familien- oder Unter-

Das Fasten mit Algen

haltungsmagazin angepriesen werden, denn nun die richtige und wirksamste für ihn sei. Prinzipiell kann man sagen, daß fast alle diese Kuren nur auf einen möglichst schnellen Gewichtsverlust abzielen; daran wird dann der Erfolg derselben gemessen. In der Regel geht dieser Effekt auf die starke Entwässerung des Körpers zurück. So kann man vielleicht fünf Kilogramm in einer Woche verlieren, aber die sind genauso schnell wieder auf der Waage, sobald Kohlenhydrate und Eiweiß gegessen werden, die das Wasser im Körper binden. Fettdepots und Schlackenablagerungen können so aber nicht vermindert werden, im Gegenteil: Der Flüssigkeitsentzug bedingt sogar noch eine mangelnde Durchspülung und Reinigung des Körpers.

Will man nachhaltig etwas für die eigene Gesundheit tun und langsam, aber sicher dem eigenen Idealgewicht näherkommen, darf man sich nicht von schnellen, flüchtigen Erfolgen blenden lassen. Fasten sollte der Einstieg in den Umstieg zu einer ausgewogenen und gesunden Vollwertkost sein, über die auf lange Sicht mehr Wohlbefinden und geistige wie körperliche Leistungsfähigkeit erreicht werden kann. Wirklich sinnvolle Fastenkuren wurden von Fastenärzten wie F. X. Mayr, Otto Buchinger, Rudolf Breuß, Lothar Wendt oder M. O. Bruker entwickelt. Basis der Ernährung ist immer die überwiegend pflanzliche Vollwertkost. Getreideprodukte aus dem vollen Korn spielen eine große Rolle ebenso wie ein Anteil an Obst und Gemüse von mindestens zwei Dritteln der Gesamtnahrungsmenge. Zucker und Weißmehl sind als Vitamin- und Mineralstoffentzieher verpönt ebenso wie zuckerhaltige Getränke und Konserven. Ideale Getränke sind Mineralwasser, Kräutertees und verdünnte Obst- und Gemüsesäfte. Käse, Wurst und Fleisch ist in geringen Mengen erlaubt, da einige Mineralien und Vitamine fast nur über tierische Nahrungsmittel aufgenommen werden können.

Algen und Fasten
Hätten Fastenärzte Algen besser gekannt, dann hätten sie das Meeresgemüse sicherlich in ihre Fasten- und Ernährungspläne eingebaut. Ein Teelöffel Spirulinapulver in reichlich Wasser gelöst, stillt z. B. innerhalb kürzester Zeit das akute Hungergefühl, das sonst vielleicht zum Abbruch einer Fastenkur führen könnte. Auch die kleinen, dickmachenden Zwischenmahlzeiten werden durch diese Maßnahme überflüssig. Spirulina ist sehr kalorienarm, quillt mit dem Wasser schnell auf und versorgt den Körper mit vielen wertvollen Stoffen. Durch das Aufquellen fühlt der Magen sich voll und hört auf zu knurren; der Darm wird zur Arbeit angeregt, so daß die ganze Nahrung verarbeitet wird und es nicht zu Ablagerungen und Unwohlsein kommt. Spirulinapulver ist also eine Art natürliches Diätmittel.

Fastenkuren, die nur Obst oder Gemüse erlauben, lassen sich auch hervorragend mit Algen ergänzen. Die Algen liefern alle wichtigen Vitalstoffe und fördern die Entgiftung des Körpers außerordentlich stark. So müssen auch bei längeren Kuren keinerlei Mangelzustände befürchtet werden, und die Entschlackung, also die Entfernung von im Gewebe angesiedelten Abfallprodukten des Stoffwechsels, wird gefördert. Neben Spirulina eignen sich natürlich auch die Braunalgen mit ihrer giftbindenden Alginsäure oder Chlorella pyrenoidosa ideal zur Nahrungsergänzung. Nochmals sei darauf hingewiesen, daß Algen für Menschen, die auf Fleisch bzw. tierische Nahrungsmittel völlig verzichten wollen, durch ihren Gehalt an hochwertigem Eiweiß und wertvollen Nährstoffen für ausreichende Versorgung dienen. Selbst im Vergleich zu Sojaprodukten enthalten Algen eindeutig leichter verdauliches Eiweiß mit höherwertigeren Aminosäuren. Soja ist sowieso etwas in Verruf geraten, da seine Eiweißstrukturen bei den zunehmend empfindlicher werdenden Menschen vermehrt Allergien hervorrufen. Oftmals ist Sojamilch für Kinder mit Milcheiweißallergie nicht geeignet.

Frühjahrskur mit Algen

Eine Frühjahrskur mit Algen empfiehlt sich auch für Menschen, die ihre Ernährung nicht gleich umstellen wollen oder gar keine Fastenkur machen wollen oder können. Sie sollten dann mindestens einen Monat lang vor den Mahlzeiten Algen zu sich nehmen. Für den mobilen Alltag im Geschäftsleben eignen sich dafür am besten Kapseln mit Algenpulver aus einer hochwertigen Mischung verschiedener getrockneter und pulverisierter Algen. Zwei Algenkapseln vor jeder Mahlzeit garantieren eine gute entschlackende und reinigende Aktivität. Wer dazu Zeit und Muße findet, kann den gleichen Effekt mit Algentee erzielen, der jeweils am Vorabend zubereitet, mit Honig und etwas Zitrone verfeinert und vor jeder Mahlzeit getrunken wird.

Eine etwas strengere und natürlich auch wirkungsvollere Variante ist eine ein- bis dreiwöchige Heilfastenkur, bei der auf feste Nahrung ganz verzichtet wird. Ohne Hunger und Erschöpfung kann ein gesunder Mensch mit dreimal zehn Gramm Spirulinapulver pro Tag solch eine Kur gut durchstehen. Das Algenpulver muß nur jeweils mit mindestens einem halben Liter Flüssigkeit eingenommen werden. Ideale Getränke sind hefefreie Gemüsebrühen, der Absud von gekochtem Gemüse (z. B. Sellerie), verdünnte Gemüsesäfte, milchsaure Gemüsesäfte und Molke. Auch kohlensäurearmes oder – noch besser – stilles Mineralwasser ist für Fastenkuren geeignet. Eine Basenbrühe nach Waerland, wie sie im Rezeptteil beschrieben wird, ist ebenfalls ein hervorragendes Getränk, das zusammen mit dem Algenpulver die Entsäuerung und Reinigung des Körpers fördert. Solch eine Kur ist ein wahrer Jungbrunnen und kann bei vielen Erkrankungen helfen. Kranke Menschen sollten sich allerdings einen Arzt oder Heilpraktiker suchen, der sie während der Kur begleitet, damit keine krankheitsbedingten Komplikationen auftreten. Für gesunde Personen bestehen hingegen keine Risiken.

Die Thalassotherapie

Der Begriff Thalassotherapie wurde im Jahre 1867 von dem französischen Arzt La Bonnardière aus Arcachon begründet. Er leitet sich aus dem Griechischen ab: »Thalassa« bedeutet »das Meer«, und »therapeia« heißt »die Pflege«. La Bonnardière war aber nicht der erste Heilkundige, der sich die Heilkräfte des Meeres für seine Patienten zunutze machte. So ist bekannt, daß im alten China schon vor 5000 Jahren Heilbehandlungen mit Meeresalgen durchgeführt wurden. Von dem berühmten griechischen Arzt Hippokrates, der ca. 460 bis 370 vor Christi Geburt lebte, ist überliefert, daß er bei vielen Erkrankungen zu heilsamen Bädern im Meer und anderen Meeresanwendungen riet.

Im Mittelalter geriet das Meer, das Aberglaube und Hexenwahn für Menschen unheimlich gemacht hatten, als Genesungsquelle weitgehend in Vergessenheit. Erst wieder im 18. Jahrhundert, mit dem englischen Arzt Richard Russel, wurden etwa um das Jahr 1750 Meeresalgen zur Behandlung von Hautkrankheiten eingesetzt.

Das 19. Jahrhundert brachte durch den raschen wissenschaftlichen Fortschritt den erneuten Durchbruch für die Thalassotherapie. Kaiserin Josefine, Gattin Napoleons, ließ 1861 und 1869 zwei große Krankenhäuser erbauen, in denen rachitische und skrofulöse Findelkinder durch Meeresbehandlungen sehr erfolgreich kuriert wurden. Ab dem Jahr 1899 wurden in dem Thalasso-Institut von Dr. Louis Bagot in

Roscoff Gelenk- und Rheumakranke mit guten Ergebnissen behandelt.

Seitdem konnte bewiesen werden, daß Meerwasser dem menschlichen Blutplasma in vielerlei Hinsicht sehr ähnlich ist und daß bei Algenauflagen Wirkstoffe in die Haut eindringen und im Gewebe ihre heilsame Wirkung entfalten können. Die Forschung um die Geheimnisse des Meeres geht weiter und heute wenden mehr als 100 Thalassotherapie-Zentren die Erkenntnisse zum Wohle ihrer Patienten an.

Andere Heilkräfte aus dem Meer
Das Meer, Ursprungsort des biologischen Lebens, kann alleine oder auch kombiniert mit anderen Heilmitteln kranken und gesunden Menschen helfen. Eine Kur, die die Heilmittel des Meeres innerlich und äußerlich zum Einsatz bringt, ist die Voraussetzung für einen wirklichen und nachhaltigen Erfolg.

Neben den Algen, die wir ja in den Mittelpunkt dieses Buches gestellt haben, sind auch der Meeresschlick, also der sehr mineralreiche Meeresboden und das Meerwasser mit seiner engen Verwandtschaft zum Blutplasma, wertvolle Therapeutika für die innere und äußere Heilbehandlung. Packungen aus Meeresschlick und Algen sind sehr wertvoll bei rheumatischen Beschwerden, unreiner, fetter Haut, Akne und vielem mehr. Die ideale Versorgung des Organismus mit Mineralien und Spurenelementen durch Meeresalgen und Meerwasser gleicht im Körper die Mineralstoffkonzentration und -verteilung aus. Dadurch funktionieren Reinigungs- und Entschlackungsprozesse wieder besser, die inneren Organe werden entlastet und die Körperzellen optimal versorgt.

Die Haupteinsatzgebiete für die Thalassotherapie
Regenerationskuren bei Streßpatienten oder Rekonvaleszenten, Tabak- oder Alkoholmißbrauch, chronischer Fehlernährung, nicht organisch bedingten Schlafstörungen, Erschöpfungssyndromen und Bindegewebsschwäche.
Erfolgversprechend ist die Meeresbehandlung bei Stoffwechselerkrankungen wie Wachstumsstörungen, Übergewicht, erhöhten Harnsäure- und Blutfettwerten, Rachitis, Osteoporose und bei manchen Formen der Cellulitis.
Zusatzbehandlung und Vorbeugung von Durchblutungsstörungen des Herzens und Venenproblemen. Herzklopfen, Brustengegefühl, unrhythmischer Pulsschlag und beginnende Verengungen der Herzkranzgefäße können gut auf die Algenanwendung ansprechen. Ebenso positiv ist die Reaktion auf die Thalassotherapie bei schweren Beinen, Durchblutungsstörungen in der Schwangerschaft (nebenwirkungsfrei!) und bei Lymphödemen. Geeignet ist das Verfahren außerdem bei rheumatischen Erkrankungen und sonstigen Leiden des Bewegungsapparates. Bei Arthrosen, Arthritis, Wirbelsäulenbeschwerden, Lumbalgien (Hexenschuß) und Ischialgien wirkt die Thalassotherapie oft Wunder. In der Frauenheilkunde sind Menstruationsbeschwerden, pubertäre und klimakterische Störungen des Wohlbefindens und die Behandlung von Beschwerden und Mangelsyndromen in der Schwangerschaft Einsatzgebiete für die Meereskräfte.

Selbstverständlich gelten für die Thermalanwendungen in der Thalassotherapie dieselben Gegenanzeigen wie für andere Anwendungen mit Packungen und warmen bis heißen Bädern. Thermalbehandlungen dürfen z. B. nicht durchgeführt werden bei akuten entzündlichen Erkrankungen, fortgeschrittenen Herzleiden, Tuberkulose, Asthma, Bluthochdruck, starken Depressionen und Schwangerschaft im letzten Drittel. Diese Gegenanzeigen gelten natürlich nicht für die innere Anwendung von Algen und Meerwasser oder für kosmetische Produkte zum Auftragen. Vorsicht ist nur bei Jodallergie und Schilddrüsenüberfunktion geboten.

Die Thalassotherapie kann man in zahlreichen, speziell eingerichteten Gesundheits- und Schönheitsfarmen vor allem in Frankreich, aber auch in Deutschland in Baden-Baden oder an der Ostsee durchführen. Dort werden unter Anleitung eines Arztes Algen, Schlick und Meerwasser mit Thermalanwendungen, verschiedenen Entspannungstechniken und elektrophysikalischen Therapieverfahren kombiniert.

Wer sich aus finanziellen oder zeitlichen Gründen keinen zweitägigen bis mehrwöchigen Kuraufenthalt leisten kann, muß auf die Thalassotherapie aber nicht gänzlich verzichten. Denn auch für die Anwendung zu Hause werden zahlreiche Meeresprodukte angeboten: diverse Cremes, Packungen und Badezusätze sowie spezielle Duschköpfe, in denen beim Duschen Algentabletten im Wasser aufgelöst werden.

Schlacken abbauen

Algen entsäuern das Blut und das Grundgewebe unseres Körpers. Dies ist nach Ansicht vieler Therapeuten die Grundvoraussetzung für eine wirkungsvolle Therapie der meisten Krankheiten. Übersäuerung und die Ablagerung von Schlakken, das heißt überflüssigen Endprodukten des Stoffwechsels, blockieren zahlreiche chemische und biologische Prozesse im Körper. Die einzelnen Zellen werden nicht mehr ausreichend ernährt und durch die Schlackenstoffe in ihrer Funktion gehemmt. Daraus resultieren Befindlichkeitsstörungen wie Müdigkeit, Konzentrationsschwäche, Vergeßlichkeit, Schlafstörungen, geringe Belastbarkeit, Kopfschmerzen, Migräne, Blähungen, Durchfall, Verstopfung und vieles mehr.

Hauptursachen für die Verschlackung des Organismus sind Bewegungsmangel, unausgewogene Ernährung mit einem hohen Anteil an Fleisch, Fett, Zucker und Weißmehl sowie der Konsum zucker- und chemiehaltiger Getränke statt stillen Wassers oder Tees. Besonders ungünstig wirkt sich die Verschlackung aus, weil der Körper im Krankheitsfall oft nicht mehr auf nebenwirkungsfreie Naturheilmittel reagieren kann, da seine Zellfunktionen blockiert sind. Dann helfen ohne vorherige gründliche Entschlackung und Änderung der Lebensgewohnheiten meist nur starke Medikamente, die oftmals viele Nebenwirkungen haben und nur die Symptome, nicht aber die eigentliche Krankheitsursache bekämpfen. Eine Schlüsselrolle für die Entschlackung des Körpers spielen die Stoffwechselorgane Darm, Leber, Niere und Haut. Auch die Lunge trägt zur Entgiftung des Körpers bei und sollte nicht vernachlässigt werden.

Die Fähigkeit der Algen, Giftstoffe zu binden, wurde bereits mehrfach erwähnt. Auch die Anregung des Immunsystems als wichtigem Regulator zwischen Innen- und Außenwelt wurde besprochen. Algen können als Nahrungsmittel, in Tablettenform oder als Tee auch Leber und Niere in ihrer Entgiftungsfunktion anregen und unterstützen. Tiefeninhalationen mit Meerwasser reinigen die Bronchialschleimhaut und Meeresschlickpackungen mit Algenauszügen regen die

Hautfunktion an. Natürlich kann man Algen auch sehr gut mit Heilmitteln aus dem Pflanzenreich kombinieren, um ihre Wirkung zu verstärken: Löwenzahn, Sellerie, Artischokken, Rosmarin, Pfefferminze und viele andere Pflanzen ergänzen die Algen sinnvoll in ihrer Wirkung. Algentee kann zusammen mit Matetee oder den sehr enzymreichen grünen Tees zubereitet werden. Das verstärkt die Wirkung und mildert den etwas ungewohnten Algengeschmack. Eine Entschlackungskur mit Algen kann zu jeder Jahreszeit durchgeführt werden, am besten eignen sich hierzu aber das Frühjahr und der Frühsommer. Drei bis vier Wochen dauert es allerdings, bis eine wirkungsvolle Reinigung stattfinden kann und sich erste Erfolge zeigen. Soll der Erfolg dauerhaft sein, sich also Ihr Wohlbefinden auf lange Sicht verbessern, muß die Lebens- und Ernährungsweise überdacht und vernünftig geändert werden.

Cellulitis-Kur

Cellulitis ist für viele Frauen ein großes kosmetisches und bei zunehmender Ausprägung auch gesundheitliches Problem. Die Struktur der Unterhaut verändert sich: Die Haut bekommt ein buckliges, schlaffes Aussehen, ähnlich der Oberfläche einer Orange. Aus dem Unterhautfettgewebe gelangen Fettzellen in die sogenannte Lederhaut, das Korium. Die Lederhaut liegt direkt unter der obersten Hautschicht, der Epidermis, und enthält normalerweise zahlreiche kollagene Fasern, die der Haut ihre Elastizität und das straffe Aussehen verleihen. Durch die Fetteinlagerungen sinken die Kollagenproduktion und der Anteil an elastischen Fasern in der Lederhaut.

Die Thalassotherapie

Bis zu einem gewissen Grad sind diese Hautveränderungen natürlich altersbedingt und lassen sich nicht gänzlich vermeiden. Allerdings tragen zur massiven Ausbildung einer Cellulitis eine ungesunde Ernährung, Bewegungsmangel, der übermäßige Genuß von Alkohol und Nikotin und der Faktor Streß einen guten Teil bei. Ballaststoffreiche Vollwertkost, sportliche Betätigung und reichliche Flüssigkeitszufuhr (Wasser oder Tee) wirken vorbeugend und therapeutisch gegen Cellulitis.

Einige Meeresalgen haben sich als besonders wirksam herausgestellt und werden in den Thalasso-Zentren in der Cellulitis-Behandlung angewendet. So z. B. Fucus vesiculosus, der Blasentang, der äußerst reich an Jod und Vitamin C ist. Pulverisiert und als Algenpackung benutzt, regt er die collagenproduzierenden Zellen im Unterhautgewebe an und aktiviert auch den Stoffwechsel der Fettzellen dahingehend, daß sie schneller verarbeitet und abgebaut werden. Dies funktioniert natürlich nicht, solange die Fettdepots durch gleichbleibende Ernährung ständig angefüllt werden.

Zusätzlich zu Algenpackungen auf die betroffenen Hautareale werden Zubereitungen aus verschiedenen Algen auch innerlich angewendet. Cellulitis kann nämlich durch viele verschiedene Faktoren im Stoffwechselgeschehen verursacht und verstärkt werden, so daß die Therapie von innen genauso wichtig ist wie die externe. Natürlich muß die Meerestherapie durch Massagen, anregende Leberwickel, eventuell mit Procain-Injektionen ins Gewebe und mit anderen pflanzlichen Wirkstoffen ergänzt werden.

Je nach dem Grad der Cellulitis kann nicht erwartet werden, daß die verklebten und verhärteten Fettzellen sich in-

Die Thalassotherapie

nerhalb von zwei oder drei Wochen auflösen, aber nach einer dreiwöchigen intensiven Cellulitis-Kur läßt sich meist schon beurteilen, ob und wie gut die betroffene Person auf die Therapie anspricht und ob eine konsequente Weiterbehandlung erfolgversprechend ist. Je mehr die Therapie durch eine vernünftige Lebensweise unterstützt wird, desto besser sind natürlich die Chancen auf Erfolg.

Rezepte für die Gesundheit

Das Wissen um den Wert der Algen zur Gesundheits- und Schönheitspflege verbreitet sich zunehmend unter Therapeuten, die die nebenwirkungsfreien Kräfte des Meeres zum Wohle ihrer Patienten zu schätzen wissen. Bei schweren Erkrankungen oder chronischen Leiden sollten Sie immer einen Arzt Ihres Vertrauens konsultieren, damit Ihre Beschwerden fachlich korrekt diagnostiziert und angemessen behandelt werden können. Allerdings ist es sicher kein Fehler, den Arzt oder Heilpraktiker auf die Anwendungsmöglichkeiten von Meeres- oder Süßwasseralgen hinzuweisen. Aber auch auf eigene Faust können Sie die Chancen nutzen, die Ihnen die Algentherapie bei den verschiedenartigsten Erkrankungen bietet.

Mit Meeresalgen müssen Sie nur bei bekannter Jodallergie und Schilddrüsenüberfunktion vorsichtig sein und gegebenenfalls auf Chlorella oder Spirulina zurückgreifen. In jedem Fall wird die entgiftende, pflegende und remineralisierende Wirkung der Algen für Sie von Nutzen sein.

Welche Speisealgen bei welchen Problemen?
Ganz allgemein wirken alle Speisealgen wohltuend auf den Darm, verbessern die Nährstoffversorgung und regen den Stoffwechsel und wichtige Organe wie Leber, Nieren, Darm und Herz an. Je nach Inhaltsstoff hat jeder Algentyp sein eigenes Anwendungsgebiet. Auch haben sich in der traditionel-

Rezepte für die Gesundheit

len Erfahrungsheilkunde spezielle Indikationen für einzelne Algen herauskristallisiert. Im folgenden erfahren Sie, welche Speisealgen für welche Beschwerden geeignet sind:

Kombu und Kelp

Wie bei allen Braunalgen wirkt die enthaltene Alginsäure stark entgiftend und bindet Schwermetalle im Körper. Braunalgen eignen sich also als Nahrungsmittel nach Amalgamentfernung oder bei hohem berufsbedingten Giftkontakt. In Deutschland ist Kelp auch in Tabletten- oder in Pulverform erhältlich und eignet sich in dieser Darreichungsform zur intensiven Giftausleitung. Auch bei Herzbeschwerden ist Kelp als Eßalge und in Tablettenform empfehlenswert.

Fucus vesiculosus (Blasentang)

Aus dem Blasentang wird in Europa und Amerika ein Gel gewonnen, das in zahlreichen Präparaten zur Stoffwechselanregung verwendet wird. Das Gel wirkt auch abwehrsteigernd, hilft bei Kropf, Rheuma, Gicht und Bronchialleiden. Zur Unterstützung von Schlankheitskuren kann Fucus auch in der homöopathischen Urtinktur oder als D1 in der Apotheke gekauft werden. Bei Fettleibigkeit verbessert sich die Verdauung, Blähungsbeschwerden und Verstopfung nehmen ab, und die Verbrennung der Nahrungskalorien funktioniert schneller. Drei mal 10 bis 20 Tropfen pro Tag helfen auch bei Jodmangelkropf und Arteriosklerose.

Wakame

Für Wakame gilt sinngemäß dasselbe wie für alle Braunalgen. Zusätzlich bewährt sich Wakame in der Naturheilkunde bei Herzbeschwerden und Bluthochdruck und verbessert das

Wachstum von Haaren, Haut und Nägeln. Es gibt darüber hinaus Hinweise, daß Wakame besonders bei Lungenkrebs einen vorbeugenden Effekt hat. Daran sollten besonders Raucher denken, oder Menschen, die in sehr schlechten Luftverhältnissen leben müssen.

Arame
Die Braunalge Arame ist ein bewährtes Mittel in der Ernährungstherapie bei Bluthochdruck, Arterienverkalkung und bei Frauenleiden.

Hiziki
Hiziki ist eine weitere Braunalge, die eine besondere Erwähnung verdient. Ihr enorm hoher Kalziumgehalt macht sie zu einem ausgezeichneten Lebensmittel, mit dem sich, am besten schon in jungen Jahren, die Kalziumdepots des Körpers auffüllen lassen. So kann der Osteoporose rechtzeitig vorgebeugt werden. Auch im Alter hilft Hiziki unterstützend bei Knochenentkalkung. Außerdem werden Haare und Nägel fester und gesünder; zudem konnte ein regulierender Effekt auf den Blutzuckerspiegel festgestellt werden.

Dulse
Bei den Rotalgen muß besonders der überaus hohe Eisengehalt von Dulse erwähnt werden. Zusammen mit den in ihr enthaltenen Pflanzenfarbstoffen, wie Chlorophyll, Phycocyan und Phycoerythrin fördert Dulse entscheidend die Blutbildung. Deshalb ist diese Speisealge besonders für Vegetarier, Schwangere, Bettlägerige und an Blutarmut erkrankte Menschen geeignet.

Nori

Nori hilft dank eines besonderen Inhaltsstoffes denjenigen Menschen, die an Magengeschwüren leiden oder bakterielle Darminfektionen haben. Außerdem ist Nori bei erhöhten Blutcholesterinwerten, Schilddrüsenunterfunktion und Anämie einsetzbar. Menschen, die eine Operation oder eine schwere Krankheit hinter sich haben, sind mit Nori auf dem Speiseplan sicher gut beraten.

Einige praktische Anwendungen

Tee aus Blasentang zur Anregung des Stoffwechsels

Zur Anregung von Stoffwechsel und Schilddrüse kann ein Tee aus Fucus vesiculosus zubereitet werden. Leider schmeckt solch ein Tee aus frischem Blasentang nicht besonders gut und riecht ziemlich unangenehm. Ein kleiner Trick hilft gegen dieses Übel: Der gut abgetropfte, frische Blasentang wird einige Minuten in einer Pfanne, eventuell mit ein wenig Fett, geschwenkt. Dadurch werden die unangenehmen Geschmacksstoffe zerstört und die Hauptwirkstoffe aufgeschlossen. Dieses Verfahren wurde schon im Mittelalter angewendet, um die Heilkraft des Tanges genießbar zu machen. Danach zehn bis 20 Gramm Algen mit einem Liter Wasser etwa fünf Minuten aufkochen, kurz ziehen lassen und abseihen.

Tee gegen Husten und Bronchialleiden

Ein Liter Tee täglich mindert die Bronchialbeschwerden deutlich. Dazu sollte man fünf Gramm Agar-Agar-Pulver mit einem Liter Wasser drei Minuten lang kochen. Das Pulver ver-

Rezepte für die Gesundheit

bleibt natürlich in der Flüssigkeit. Natürlich können Sie dem Teeansatz noch andere Heilkräuter zusetzen. Zum Beispiel verbessert ein Eßlöffel getrocknete Wilde Malve, die Sie in der Apotheke als Malva silvestris bekommen, den Geschmack entscheidend und unterstützt die Wirkung zusätzlich.

Agar-Agar-Pulver bei Magenschleimhautentzündungen und -geschwüren

Wenn Sie zu gastritischen Beschwerden neigen, ein Magengeschwür, oder einfach einen nervösen Reizmagen haben, kann Ihnen Agar-Agar das Leben erleichtern. Ein Teelöffel Agar-Agar-Pulver, der zwei- bis dreimal täglich mit reichlich Wasser (mindestens einem halben Liter) eingenommen wird, kleidet die Magenschleimhaut aus, bindet die Magensäure und fördert die Heilung des Geschwürs. Statt Wasser kann auch ein Tee, z. B. Kamillen-, Ringelblumen- oder Pfefferminztee zum Algenpulver getrunken werden.

Tee gegen Darmprobleme

Sitzen die Hauptbeschwerden etwas tiefer als im Magen, dann kann Ihnen folgende Zubereitung helfen: Carragheen, das heißt Irisches Moos, hilft vorzüglich bei Durchfall, Verstopfung und sonstigen Darmbeschwerden. Kochen Sie drei Gramm des Algenpulvers mit einem halben Liter Wasser etwa drei Minuten lang, und trinken Sie zweimal täglich diese Flüssigkeit.

Auflage für gereizte, müde Augen

Irisches Moos hilft nicht nur dem Darm, sondern auch überlasteten Augen und sogar schlecht heilenden Wunden. Berei-

Einige praktische Anwendungen

ten Sie sich nach anstrengenden Autofahrten oder nach stundenlanger Bildschirmarbeit einen weichen, streichfähigen Brei aus einem Teelöffel Irisch-Moos-Pulver mit Wasser oder Kamillentee. Den Brei auf die geröteten Augen auftragen und etwa 15 Minuten belassen. Anschließend abwaschen. Statt Kamille eignet sich auch die Teepflanze Augentrost vorzüglich für diese Anwendung: einen Teelöffel der getrockneten Pflanze mit einer großen Tasse kochendem Wasser aufgießen und nach zehn Minuten abseihen. Hierbei ergänzen sich Meeres- und Landpflanze in ihrer heilsamen Wirkung für die geröteten Augen. Der Brei aus Algenpulver kann übrigens auch auf schlecht heilende, nässende Wunden aufgetragen werden, denn er fördert die Neubildung von gesundem Gewebe.

Akuter Reisedurchfall
30 bis 50 Tabletten aus Spirulina- oder Chlorellaalgen, die über den Tag verteilt mit viel Flüssigkeit eingenommen werden, können Reisedurchfall in 24 Stunden stoppen. Achtung: in hartnäckigen Fällen den Arzt aufsuchen!

Anti-Hunger-Trick beim Fasten
So manche Fastenkur ist schon an plötzlichen Hungerattakken gescheitert. Kommen zum Hunger noch Streß oder sonstige Anstrengungen hinzu, reicht der Wille oft nicht mehr aus, um das Fasten einzuhalten. In solchen Momenten nimmt ein Teelöffel Spirulina-Pulver in einem Viertelliter Wasser gelöst schnell und zuverlässig das Hungergefühl. So bekommen Sie Kraftnahrung fast ohne Kalorien! Noch ein Tip: Zusammen mit Molke oder einem Schuß Apfelsaft schmeckt's richtig gut!

Rezepte für die Gesundheit

Schwermetallausleitung

Haben Sie sich erst einmal entschlossen, das Schwermetall Amalgam aus den Zähnen entfernen zu lassen, ist bereits ein großer Schritt in Richtung Gesundheitsvorsorge getan. Jetzt kommt es aber auch darauf an, das Blei und diejenigen Metalle aus Ihrem Körper auszuleiten, die schon aus den Füllungen ausgetreten sind und eventuell beim Ausbohren noch frei werden. Eine dreiwöchige Kur von mindestens zehn Spirulinatabletten oder vier bis fünf Gramm Pulver täglich leitet das Schwermetall aus.

Algen und Kosmetik

Algen enthalten lebenswichtige Nährstoffe in großen Mengen. Die Haut ist auf eine gute Versorgung mit Vitalstoffen genauso angewiesen, wie jedes andere Organ unseres Körpers. Durch ihre Aufgabe als Grenzschicht zwischen innen und außen ist die Haut sogar besonders stark beansprucht. Sie ist allen Witterungseinflüssen ausgesetzt, wird unmittelbar mit scharfen Wasch- und Putzmitteln angegriffen, muß dem steigenden Giftgehalt der Umwelt standhalten und ist gleichzeitig noch eines unserer Hauptentgiftungsorgane. Sie schützt den Organismus vor dem Austrocknen und verhindert das Eindringen von krankheitserregenden Keimen und anderen Schadstoffen.

Auch für die Sinne ist die Haut von allergrößter Bedeutung; sie enthält Millionen von Sinneszellen, die Berührungs-, Kälte-, Wärme- und Schmerzempfinden an unser Gehirn weiterleiten. Ohne die Haut wären wir um einen unserer wichtigsten Sinne ärmer: den Tastsinn. Und für unsere Schönheit spielt eine glatte, straffe Haut eine große Rolle. Frisches und dem Alter angemessenes, gepflegtes Aussehen steigert unser Selbstwertgefühl und erleichtert meist auch den Umgang mit anderen Menschen.

Pflegeprodukte mit Algenwirkstoffen für Haut und Haar eignen sich ausgezeichnet zur Gesunderhaltung und Regeneration aller Hauttypen, auch der empfindlichsten. Die in Algen enthaltenen Proteine, das heißt die Eiweißverbindungen,

Algen und Kosmetik

versorgen die Hautzellen mit Energie und bilden einen wichtigen Schutz gegen das Austrocknen. Vitamine und Beta-Carotin aktivieren die Haut, schützen vor Umwelteinflüssen und beugen somit der vorzeitigen Hautalterung vor. Mineralien und Spurenelemente liegen in den Meerespflanzen in ähnlicher Form und Verteilung vor wie in den Körperzellen. Man kann sie als Creme, Lotion oder Packung auftragen und in Tablettenform als Nahrungsmittelergänzung einnehmen. Das Chlorophyll trägt wegen seiner großen Ähnlichkeit mit dem roten Blutfarbstoff ganz wesentlich zur Sauerstoffversorgung der Hautzellen bei. Gamma Linolsäure pflegt die Haut auch bei bestimmten Erkrankungen wie z. B. bei Neurodermitis, verringert außerdem die Wasserverdunstung, erhöht den Schutz vor UV-Strahlung und fördert die Durchblutung.

All diese pflegenden und regenerierenden Eigenschaften sind natürlich auch in Pflanzen enthalten, die auf dem Festland wachsen, aber nicht in derselben Konzentration und in der idealen Verteilung wie in den Algen.

Noch ein weiteres wichtiges Merkmal macht die Meeresalgen für die Schönheitspflege so wertvoll: Sollten Sie die Gelegenheit haben, an der belebten und mit Algen dicht bewachsenen Atlantikküste das Spiel der Gezeiten zu beobachten, dann werden Sie feststellen, daß die großen Algen, die Tange, in den wechselnden Strömungen sehr geschmeidig und geradezu elegant mitschwingen, statt unkontrolliert über den Meeresgrund hin- und hergeschleift zu werden. Das hat folgenden Grund: Kleine Schwimmblasen verleihen den Algen einen gewissen Auftrieb, und außerdem besitzen ihre Zellwände ganz besonders quellfähige, wasserbindende Fä-

Algen und Kosmetik

higkeiten. Das gibt ihnen eine gewisse Elastizität, Formbeständigkeit und Widerstandskraft. Diese wasserspeichernden Agenten sind spezielle Moleküle, genannt Ceramide, die auch in der menschlichen Haut vorkommen.

In Pflegeprodukten, besonders in denen für trockene Haut, können diese Algenceramide mit gutem Effekt eingebaut werden. Weiterhin fällt auf, daß die Algen auch nach Stunden direkter Sonneneinstrahlung nicht vertrocknen, obwohl sie während der Ebbe über dem Meeresspiegel liegen. Sogenannte Schleim- oder Gelstoffe bewahren die Algen nämlich vor dem Austrocknen. Sie bestehen aus Kohlenhydraten, also Zuckerstoffen, die feuchtigkeitsbindende Fähigkeiten haben. Bezeichnungen wie Alginat (das Salz der Alginsäure) oder Carragheenan auf Kosmetikprodukten weisen auf diese Schleimstoffe hin. Sie machen einerseits die Creme oder Lotion gut streichbar und spenden andererseits der Haut die nötige Feuchtigkeit, die sie lange frisch und glatt erhält. Besonders Sonnengels und After-Sun-Produkte sowie Feuchtigkeitscremes machen sich diese Eigenschaften zunutze.

Auch andere Pflanzen werden aufgrund ihres Schleimstoffgehaltes zu Heilzwecken für Haut, Atemwege und Magen- sowie Darmschleimhaut eingesetzt. So werden Leinsamen für den Magen, Eibisch, Malve, Huflattich und Spitzwegerich für die Bronchien und Aloe Vera für die verbrannte, trockene Haut empfohlen. Die Flechte (Alge plus Pilz) Cetraria islandica wird gegen Bronchialleiden verschrieben.

Über 50 Algen dienen der Schönheit

Von den über 30 000 Algenarten werden zur Zeit etwa 50 in der Kosmetikindustrie eingesetzt. Mit wenigen Ausnahmen

Algen und Kosmetik

handelt es sich dabei immer um Rot- oder Braunalgen. Eine dieser Ausnahmen ist die Blaualge Spirulina, die aufgrund ihrer außergewöhnlich hohen Dichte an Mineralien, Vitaminen und Spurenelementen für die Hautpflege gerne benutzt wird. Pflegeprodukte mit Spirulina fördern Durchblutung und Stoffwechsel der Haut und haben die Eigenschaft, die Produktion der Talgdrüsen zu regulieren. Deshalb eignen sich Spirulina-Produkte sehr gut bei Neigung zu talgiger Haut und fettem Haar.

Die Braunalgen liefern zusätzlich zu vielen Vitalstoffen auch Alginsäure und Jod. Blasen- und Knotentang gehören ohne Zweifel zu den meistverwendeten Kosmetikalgen. Das Jod unterstützt bekanntlich den Stoffwechsel, sorgt somit für eine bessere Fettverbrennung im Gewebe, bekämpft Flüssigkeitsstauungen und stärkt die Hautdurchblutung. Der Fingertang Laminaria digitata wird als Bindemittel in Kosmetika eingesetzt, da er den Produkten eine weiche, streichfähige Konsistenz verleiht und gleichzeitig entschlackend und gefäßstärkend wirkt. Auch die Wakame-Alge bekämpft die Faltenbildung und spendet der Haut Feuchtigkeit.

Bei den Rotalgen wird neuerdings die Delesseria sanguinea mehr und mehr für die Schönheitspflege entdeckt, da sie durch ihren besonders hohen Reichtum an Kupfer, Magnesium, Zink und Mangan ausgezeichnete pflegende Eigenschaften mit Tiefenwirkung gezeigt hat. Sogar der »Kadaver« einer Rotalge, nämlich der Lithothamnium calcareum, wird für Gesichtsmasken verwendet. Diese Fossil-Alge hat Kalkablagerungen hinterlassen, das sogenannte Maerl, das, mit Heilerde vermischt, eine ausgezeichnete reinigende Gesichtsmaske abgibt.

Nicht vergessen sollte man auch die Grünalge Ulva lactuca, den Meeressalat, der in Kosmetika seine hohen feuchtigkeitsspendenden Eigenschaften zur Geltung bringt.

Algen in der Kosmetik	
Blaualgen	Spirulina
Braunalgen	Laminaria digitata (Fingertang) Fucus serratus (Sägetang) Fucus vesiculosus (Blasentang) Ascophyllum nodosum (Knotentang) Himanthalia elongata Undaria pinnatifida (Wakame) Macrocystis pyrifera (Birntang)
Rotalgen	Delesseria sanguinea Chondrus crispus (Carragheen) Lithotamnium calcareum Ahnfeldtia concinna
Grünalgen	Dunaliella salina Ulva lactuca (Meeressalat)

Rezepte für die Schönheit

Algenbad
Die einfachste Algenanwendung ist sicherlich das Bad im Meer an einer stark algenbewachsenen Küste. In unseren Breitengraden muß man dazu in der Regel mit einem recht kühlen Wasser vorlieb nehmen, da die meisten Algen in Europa am Atlantik oder an der Nord- und Ostsee wachsen. Auf Hawaii hat man es da schon leichter: Einheimische wie auch Touristen schätzen die wunderbar pflegende Wirkung der Rotalge Ahnfeldtia concinna. In Buchten zu baden, die von der Strömung mit Algen vollgeschwemmt wurden, ist dort sehr beliebt. Man verreibt die gelhaltige Alge gerne direkt auf der Haut.

Aber auch in der heimischen Badewanne läßt sich ein kleines Algenbad ohne große Umstände durchführen: Entweder Sie erwerben einen Badezusatz auf Algenbasis, oder Sie geben direkt eine Handvoll frischer oder getrockneter Algen (Arame oder Wakame) ins Badewasser. Wenn die herumschwimmenden Algenteile Sie stören, dann stecken Sie diese einfach in ein Leinensäckchen, und tauchen sie dieses ins Wasser. Nach einigen Minuten verbreiten die Algen einen angenehm dezenten Meeresgeruch. Mit dem Algensäckchen können Sie sich später wunderbar abreiben, wenn die Algen sich vollgesogen haben, und so Ihre Haut pflegen und anregen. Einige Tropfen Lavendelöl zusätzlich im Badewasser wirken stoffwechselanregend und entspannend bei Verkrampfungszuständen. Wacholderbeeröl regt die Hautdurchblutung an und ist besonders bei rheumatischen Beschwerden ein guter Zusatz im Algenbad.

Algenpackungen

Algenpackungen für Problemzonen oder auch für den ganzen Körper müssen nicht unbedingt im Kosmetiksalon angebracht werden. Mit etwas Geschick können Sie auch zu Hause eine Algenpackung – beispielsweise für die Oberschenkel – zubereiten. Bei Cellulitis eignen sich am besten Blasen- oder Knotentang für die Packung. Übergießen Sie eine Handvoll getrockneter Algen mit warmem Wasser, bis sie vollgesogen und weich sind. Legen Sie diese dann möglichst im warmen Zustand direkt auf die Haut und bedecken Sie das Ganze mit Alufolie. Wickeln Sie die Packung noch zum Warmhalten in eine leichte Decke oder in Handtücher ein. Unter der Folie entsteht dann ein regelrechtes kleines Meeresklima, und der Hautstoffwechsel wird optimal angeregt. Sie können dieselben Algen übrigens für mehrere Anwendungen benutzen. Der hohe Wirkstoffgehalt reicht problemlos für vier bis fünf Anwendungen. Spülen Sie die Algen nach jeder Packung einfach nur sorgfältig mit warmem Wasser ab, und lassen Sie sie dann gründlich trocknen.

Wenn Sie die Algen für die Körperpflege nicht mehr verwenden wollen, sind sie immer noch zu schade zum Wegwerfen. Im Kompost oder in der Blumenerde können sie noch als hochwertiger Dünger benutzt werden. Algen brauchen nicht ganz zu sein – man kann die getrockneten Algen auch mit dem Mixer zerkleinern und mit Wasser zu einem geschmeidigen Brei verrühren, den man dann leicht auf die zu pflegenden Bereiche aufträgt. Das Labor für Meeresforschung in Saarbrücken produziert pulverisierte Algen, z. B. Fucus, Ascophyllum, Nori oder Maerl, die schon fertig für die Heimanwendung sind.

Gesichtsmasken

Für eine pflegende Gesichtsmaske eignen sich bei wenig empfindlicher Haut pulverisierte Laminariaalgen, z. B. Kombu, Kelp oder Arame, und für die empfindliche Haut die Süßwasseralge Chlorella und die Blaualge Spirulina. Zerkleinern Sie zwei bis drei Chlorella- oder Spirulinatabletten in einem Mörser, und verrühren Sie diese langsam mit Wasser, bis eine cremig-weiche Masse entsteht. Von den Meeresalgen nehmen Sie etwa einen gestrichenen Teelöffel für die Maske.

Fast schon genauso wichtig wie die Maske selbst ist die richtige Vorbereitung der Gesichtshaut. Reinigen Sie Ihr Gesicht gründlich mit einer ph-neutralen, milden Waschlotion, und tupfen Sie es unmittelbar vor dem Auftragen der Algenmaske mit einem in warmes Wasser getauchten Waschlappen oder Gesichtsschwamm ab. Dadurch öffnen sich die Hautporen und werden aufnahmefähig für die reinigenden und pflegenden Wirkstoffe der Maske. Die Augenbrauen dürfen Sie mit der Maske bedecken, aber ein bis zwei Zentimeter der sehr empfindlichen Haut um die Augen sollten Sie frei lassen. Ruhen Sie nun – z. B. bei entspannender Musik – bis die Maske fast angetrocknet ist.

Entfernen Sie danach alles mit viel lauwarmem Wasser, und spülen Sie dann mit kaltem Wasser nach, damit sich die Hautporen wieder schließen. Tragen Sie abschließend eine Feuchtigkeitscreme auf, oder gehen Sie an die frische Luft, um die Durchblutung anzuregen. Dekolleté und Hände können Sie beim Auftragen der Gesichtsmaske z. B. gleich mitbehandeln.

Gesichtsmaske für trockene Haut

1 Eigelb
etwas Jojobaöl
2–3 Algentabletten
1 Prise Meersalz

Arbeiten Sie das Jojobaöl (oder ein anderes hochwertiges Pflanzenöl) tropfenweise unter ständigem Rühren in das Eigelb ein, bis eine mayonnaiseartige Konsistenz erreicht ist. Mischen Sie dann die pulverisierten Algen unter, und geben Sie das Meersalz dazu. Letzteres macht die Haut weich und zart.

Gesichtsmaske gegen Fältchenbildung

1 TL flüssiger Honig
1 Tropfen ätherisches Rosenöl
2–3 pulverisierte Algentabletten
2–3 TL Speisequark Rahmstufe

Vermischen Sie das ätherische Öl zuerst gründlich mit dem flüssigen Honig in einem kleinen Schälchen. Geben Sie dann die übrigen Zutaten zu, und verrühren Sie alles gleichmäßig. Die Kohlenhydrate im Honig unterstützen die feuchtigkeitsspendende und glättende Wirkung der Algen, die Haut wird wunderbar geschmeidig.

Rezepte für die Schönheit

Maske gegen unreine Haut

1 TL Algenpulver
1 TL Heilerde
2–3 Tropfen Teebaum- oder Lavendelöl

Verrühren Sie das Algenpulver (Spirulina, Chlorella oder andere Braunalgen) mit der Heilerde und dem Wasser zu einem glatten Brei, geben Sie dann das reinigende Teebaumöl oder Lavendelöl zu. Diese Maske verbessert die unreine Haut, wenn sie zwei- bis dreimal in der Woche aufgetragen wird. Die Heilerde saugt den überschüssigen Talg geradezu auf, ohne die Haut dabei auszutrocknen. Das Algenpulver versorgt die Haut mit wertvollen Nährstoffen und regt die Selbstreinigung der Hautzellen an.

Einfache Agar-Agar-Straffungsmaske

1 Eigelb
1 Messerspitze Agar-Agar-Pulver

Vermischen Sie die Zutaten gründlich miteinander, und verteilen Sie die Masse mit einem Pinsel oder einem weichen Kosmetikspachtel gleichmäßig auf Gesicht und Hals. Waschen Sie das alles nach etwa 20 Minuten mit lauwarmem Wasser ab. Diese Maske verbessert die Hautdurchblutung, erfrischt und gibt ein glattes Aussehen. Statt des Eigelbs kann auch ein Eßlöffel flüssiger Honig verwendet werden. Das dient dann mehr der Hautpflege als der Straffung der Haut. Erwärmen Sie einfach den Honig leicht im Wasserbad, und rühren Sie das Algenpulver ein.

Reinigende und pflegende Maske

1 TL Maerl
1 TL Heilerde

Eine Maske, die zur Hälfte aus Heilerde und zur anderen Hälfte aus der pulverisierten Fossil-Alge Lithotamnium calcareum (Maerl) besteht, hat ebenfalls einen ausgezeichneten pflegenden und reinigenden Effekt auf Gesicht und Dekolleté.

In Apotheken, Drogerien und Reformhäusern oder über den Versandhandel kann man inzwischen zahlreiche kosmetische Algenprodukte für jeden Hauttyp beziehen. Wenn Sie Ihre Naturkosmetika selbst herstellen, können Sie aber auch in Ihre persönlichen Grundrezepte immer etwas Algenpulver einarbeiten.

Folgende Kosmetika mit Algenwirkstoffen sind bereits im Handel erhältlich

After-Sun-Produkte
Badezusätze
Deodorants
Feuchtigkeitscremes
 und -lotionen
Haarshampoos
Haarwasser
Hand- und Massagecremes
Peeling-Produkte für
 Gesicht und Körper

Pre- und Aftershave-Produkte
Rasiercremes
Reinigungscremes und
 -lotionen
Seifen
Sonnenschutz
Spezielle Anti-Cellulitis-
 Produkte
Zahnpasta

Weitere Einsatzmöglichkeiten von Algen

Bei den vielen Vorzügen, die die Algen uns Menschen in der Ernährung und in der Gesundheits- und Schönheitspflege zu bieten haben, ist es eigentlich erstaunlich, daß das Wissen um ihre Nutzung so wenig in der Bevölkerung verbreitet ist. Wissenschaft und Industrie haben den Wert der Algen schon seit langem erkannt und verwenden die Meerespflanzen als praktisch unerschöpfliche Rohstoffquelle. Die direkte Nutzung der Algen als Nahrungsmittel steht in keinem mengenmäßigen Verhältnis zum sehr viel höheren Gebrauch in der Nahrungs-, Futtermittel- und Düngemittelindustrie. Alleine von den aus Braunalgen gewonnenen Alginaten werden Jahr für Jahr mehrere hunderttausend Tonnen verbraucht. Auch die chemisch-pharmazeutische Industrie verarbeitet Algen für viele verschiedene Zwecke: als Jodquelle für Arzneimittel und sogar als Zutat für Abdruckmassen beim Zahnarzt. Sogar die Weltraumfahrt ist an den Eigenschaften und Fähigkeiten der Algen interessiert. Algen würden einerseits eine leicht transportierbare und vitalstoffreiche Nahrung für die Astronauten bieten und andererseits als »Sauerstoffgeneratoren« dienen, die abgeatmetes Kohlendioxid in frischen Sauerstoff umwandeln können.

Algen in der Biomedizin

Mediziner, Biologen und Chemiker verwenden Agar-Agar als Nährboden für Zellkulturen im biochemischen Labor, aber kaum jemand weiß, daß es sich dabei um ein Rotalgenprodukt handelt. Auf Agar-Agar-Nährböden werden in Millionen von Petrischalen auf der ganzen Welt Bakterien und Pilze für die verschiedensten medizinischen und chemischen Versuche und Forschungsprojekte gezüchtet. Darüber hinaus wird Agar-Agar als Arzneiträger in Tabletten verwendet, hilft als Abführmittel und ist in Gelform ein gutes Medium für die Elektrophorese. Die Elektrophorese ist ein wichtiges Verfahren der analytischen Chemie, das es ermöglicht, die Zusammensetzung von Gemischen festzustellen.

Rot- und Braunalgen werden auch zur Regulierung der Blutgerinnung und als natürliche Antibiotika eingesetzt. Die aus den Braunalgen gewonnenen Alginate (saure Polysaccharide) werden für die Wundversorgung, in der Zahnmedizin für Abdruckmaterialien, in der Mundhygiene als Reinigungsmittel und bei Magenmedikamenten als Säurebinder eingesetzt. Über die Gift, Schwermetall und Radioaktivität bindenden Eigenschaften der Alginate haben wir ja schon berichtet.

An der Universität Würzburg wurde kürzlich ein Verfahren entwickelt, das es ermöglicht, hochgereinigte Alginate für biomedizinische Anwendungen herzustellen. Dies ist für die Produktion von künstlichen Körperzellen oder sogar von künstlichen Organen von enormer Bedeutung. Schon in den achtziger Jahren hat man festgestellt, daß Alginate aufgrund ihrer chemischen Struktur die natürliche Umgebung von Körperzellen sehr gut nachahmen. Daraufhin versuchten

Weitere Einsatzmöglichkeiten von Algen

mehrere internationale Forschergruppen, auf einer Alginatgel-Basis künstliche Organe herzustellen. Wenn es z. B. gelänge, insulinproduzierende »Alginatzellen« im Körper eines Zuckerkranken zu etablieren, wäre man imstande, die Behandlung dieser Krankheit zu revolutionieren.

Auch beim Morbus Parkinson, der Schüttellähmung, und anderen schweren Stoffwechselerkrankungen versprechen sich die Biomediziner langfristige Heilerfolge durch künstliche Funktionszellen. Leider gab es immer wieder Rückschläge in Form schwerer Abstoßungsreaktionen, die lange Zeit unerklärlich waren. Heute glaubt man zu wissen, daß diese Reaktionen durch die naturgemäß unstabile Zusammensetzung des Alginat-Rohmaterials hervorgerufen wurden. Die neuen Reinigungstechniken ermöglichen es, diese Schwankungen auszugleichen und neue Versuche in diese vielversprechende Richtung zu starten. Nahtmaterialien für Operationswunden werden bereits unter Zusatz von Alginaten hergestellt.

Eine weitere interessante Möglichkeit, Algen medizinisch anzuwenden, wurde im Technologiezentrum Aachen entwickelt. Dort werden Rotalgen, die an der Felsküste der Bretagne wachsen, kontrolliert verbrannt. Dadurch bleiben von den Algen nur die Kalk-Skelette übrig, die ihnen ihre Festigkeit verleihen. Die Kristallstrukturen dieser Kalk-Skelette sind der Oberfläche und der Struktur des menschlichen Knochens sehr ähnlich und eignen sich hervorragend als Knochenersatzstoff. Zur Zeit wird dieser Knochenersatzstoff hauptsächlich in der Zahn- und Kieferchirurgie verwendet. Bei fortgeschrittener Parodontose, bei Kieferknochenverletzungen, zum Auffüllen von Hohlräumen und Zahnfleischtaschen, zur Verbesserung des Prothesenlagers und bei Wachstumsstörungen des Kiefers verwächst das eingesetzte Algenkalkgranulat sehr schnell mit dem natürlichen Knochen. Nach einigen Monaten läßt sich auf dem Röntgenbild keine Grenze zwischen natürlichem und künstlichem Knochen mehr erkennen.

Algen in der Lebensmittelindustrie

Meeres- und Süßwasseralgen wachsen in der Regel sehr schnell und sind leicht anzubauen. Vor allem Süßwasseralgen können praktisch an jedem Ort der Erde erzeugt werden und wären das ideale Nahrungsmittel, um in vielen Hungerregionen Not und Krankheiten zu mindern. Leider läßt sich mit den armen Ländern, die diese Nahrungsquelle bitter nötig hätten, kein Geld verdienen. Also fällt die Aufgabe, neue Nahrungsquellen zu erschließen, den Instituten für Entwicklungshilfe zu, die nur über geringe Geldmittel verfügen; die Industrie hingegen pflegt profitablere Aufgabegebiete: Neben dem Vertrieb von Speisealgen in ihrer Reinform (Wakame, Nori, Kelp usw.) spielen drei Hauptalgenprodukte eine enorme Rolle in der nahrungsmittelverarbeitenden Industrie. Nämlich Agar-Agar, Carragheen und die Alginsäure.

Agar-Agar wirkt schon in geringen Konzentrationen gelierend und verdickend. Zu finden ist es in Fleischkonserven.

Carragheen aus der Rotalge Chondrus rispus stabilisiert Emulsionen und Suspensionen, das heißt, es verhindert, daß sich einzelne Bestandteile einer Flüssigkeit mit der Zeit nach

Weitere Einsatzmöglichkeiten von Algen

unten oder oben absetzen. Außerdem dickt es das Produkt ein. Verwendet wird Carragheen in folgenden Produkten:
- in Babynahrung zum Verdicken.
- in Fruchtsirupen als Emulgator: läßt das Produkt langsam und gleichmäßig fließen.
- in Backwaren: ergibt braun backende, länger saftig bleibende Brote und Brötchen.
- in Erdnußbutter: verhindert das Absetzen von Öl und verbessert die Streichbarkeit.
- in Tomatensauce: verhindert das Absetzen der schwereren Bestandteile.
- in den Nudelteig, verleiht eine glatte Oberfläche, erleichtert die Verarbeitung und verhindert das Verkleben der Nudeln.

Alginate werden noch häufiger eingesetzt, da ihre chemischen und physikalischen Eigenschaften ausgezeichnet sind. Sie bilden sehr leicht Gele, die z. B. als Füllcreme eingesetzt werden kann. Hier einige Anwendungsgebiete:
- in Eiscreme: sorgt für gleichmäßige Verteilung der Zutaten und macht das Eis cremig.
- in Mayonnaise, Salatdressings: sorgt für gleichmäßige Fettverteilung und hält das Produkt locker und cremig von der Fabrik bis zum Eßtisch.
- in Bier: gibt eine lockere, dauerhafte Schaumkrone, wirkt als Stabilisator; in Deutschland jedoch nicht erlaubt.
- in Fruchtsäften: konserviert »frisch« gepreßte Säfte und macht sie dickflüssiger.
- in Schmelzkäse: sorgt für eine homogene, streichfähige Masse.
- in Fleischsülzen: als Bindemittel.

Aus Algen gewonnenes Beta-Carotin wird als gelber Farbstoff in Milchprodukten und Kaffeeweißern verwendet. Algen und Algenprodukte sind als Zusatz- und Hilfsstoffe in Lebensmitteln für die Gesundheit unbedenklich, was man von sehr vielen anderen chemischen Konservierungs-, Färbe- sowie Geschmacksstoffen nicht behaupten kann. Viele chemischsynthetische Stoffe stehen sogar im Verdacht, die Allergiebereitschaft zu fördern oder gar krebserregend zu sein. Algen werten im Gegensatz dazu die Nahrungsmittel durch ihren hohen Vitalstoffgehalt sogar noch auf.

Algen im Haushalt und in der Non-Food-Industrie

Die Ablagerungen fossiler Kieselalgen, wie Kieselgur oder Diatomeen, werden hauptsächlich als neutrale Trägerstoffe für Reaktionsmittel in industriellen Katalysatoren eingesetzt. Auch bei der Rückgewinnung von Chemikalien in industriellen Produktionsprozessen spielt Kieselgur eine Rolle. Es ist relativ reines Siliziumdioxid und dient hervorragend als Mikrofilter; deswegen wird es z. B. in Schwimmhallen benutzt, wo es in industriellen Filtern auch die kleinsten Schmutzpartikel zurückhält. Auch als Dämmstoff und als nicht entzündbares Füllmaterial für Feuer- und Lärmisolierungen leistet Kieselgur gute Dienste. Nicht zuletzt kommt es auch, fein zermahlen, in Haushaltsprodukten vor, nämlich in Scheuerpulver und Scheuermilch. Alginate werden nicht nur in Lebensmitteln, sondern auch in der Farbmittelproduktion verwendet; Farben werden dadurch besser streichbar und

Weitere Einsatzmöglichkeiten von Algen

trocknen gleichmäßiger. Dasselbe gilt für Textilfarben, mit denen man Stoffe bedruckt. Sie werden mit Alginaten eingedickt und können besonders beim Malen von feinen Mustern besser aufgetragen werden. Spezialpapiere erhalten durch einen Alginatüberzug eine extrem glatte und gleichmäßige Oberfläche und sogar in Sprengstoffen werden Alginate als gut formbare Trägermaterialien eingesetzt. Carragheen wird in Enteisungsflüssigkeiten für Fahrzeugscheiben eingesetzt, weil es die enteisenden Substanzen gut bindet und stabilisiert. In Geruchsfiltern hilft die Bindefähigkeit des Carragheen zur Beseitigung übler Raumgerüche. Als mineralreicher Dünger werden im Jahr ca. über eine halbe Million Tonnen Meeresalgen in der Landwirtschaft über die Felder ausgebracht. Mehr als 50 000 Tonnen wurden als Algenmehl dem Tierfutter zugesetzt.

Mit Sicherheit werden diese Zahlen in den nächsten Jahren noch ansteigen, wenn erst einmal bekannt ist, was für ein hochwertiger, nachwachsender Rohstoff Algen sind. Nicht nur in verarbeiteter Form können Algen einen wichtigen Beitrag für Umwelt und Gesundheit leisten. Es gibt auch schon vielversprechende Versuche, Algen in biologischen Kläranlagen zu benutzen. Algen können zwar in einem verschmutzten Lebensraum nicht gut leben, vermögen aber, dank ihrer hohen biologischen Aktivität, den Grad der Verschmutzung auch deutlich herabzusenken. Auf jeden Fall ist es sehr empfehlenswert, in allen möglichen Richtungen weiterzuforschen, da Algen als Urspender unserer Atmosphäre sicherlich noch einige Möglichkeiten bieten, die Lebensbedingungen für Mensch, Tier und Pflanzenreich zu verbessern.

Nachwort

In diesem Buch haben Sie einiges erfahren über Algen, die wohl vielseitigsten und ältesten Pflanzen unserer Erde. Wollte man alle Informationen über Meeres- und Süßwasseralgen zusammenfassen, dann könnte man wohl ohne Schwierigkeiten eine große Regalwand mit Büchern über das Thema füllen. Wir haben gesehen, daß Algen in der Ernährung der Urvölker eine große Rolle gespielt haben und heute in der Lebensmittelindustrie und aus vielen Kochtöpfen nicht wegzudenken sind. Wir haben erfahren, daß die Meeres- und die Süßwassergewächse uns Menschen mit allen erforderlichen Vitalstoffen versorgen können. Sie helfen uns, die verschiedensten Krankheiten zu überwinden, stärken zudem unser Immunsystem, binden Schwermetalle, radioaktive Partikel und andere Giftstoffe, spielen wahrscheinlich sogar in der Krebsvorsorge eine wichtige Rolle und helfen uns, ein jugendliches und frisches Aussehen zu bewahren.

Bei all diesen großartigen Heilwirkungen, die die Algen auf unseren Körper haben, dürfen wir aber nicht vergessen, daß auch sie nicht in der Lage sind, uns die Folgen einer ungesunden und unnatürlichen Lebensweise zu ersparen. Denn unsere Gesundheit liegt in der Natur, von der wir uns leider immer mehr entfernen. Und Algen mit ihrem Lebensraum – Meere, Seen, Flüsse und Bäche – sind Teil der Natur. Wenn wir fortfahren, die Erde durch unsere Lebensweise und durch systematische Ausbeutung zu zerstören, berauben wir uns selbst der Quellen unserer Gesundheit und Schönheit. Die Algen sind eben deshalb Heilmittel für unsere Gebrechen, weil sie in einem intakten Lebensraum die Kräfte der Natur in sich vereinen und diese Kräfte allen Lebewesen zur Verfügung stellen. Abschließend sei mir ein Appell erlaubt: Bedienen Sie sich ruhig der Heilkräfte der Natur, aber schonen und achten Sie diese – zum Dank für alles Gute, das aus ihr kommt.

Danksagung

Mein Dank gilt dem Algenexperten Thomas Karrer für die kompetente naturheilkundliche Beratung, Ilka Schwalenberg, die in ihrer Versuchsküche die leckeren Algenrezepte entwickelte, und meinen Eltern, die mir immer hilfreich zur Seite stehen.

Petra Neumayer

Bezugsquellen

Bionika Versand
Stendorfer Straße 3
27718 Ritterhude
Telefon 0 40 / 2 20 25 99
Telefax 0 40 / 2 20 25 23

Blue Greenalgenprodukte
Schlüterstraße 74
20146 Hamburg
Telefon 0 40 / 4 10 85 35
Telefax 0 40 / 4 10 85 30

Bluegreen GmbH
Zum Steckengarten 2
63322 Rödermark
Telefon 0 60 74 / 88 65 33
Telefax 0 60 74 / 88 65 44

Laboratoire Physio-Esthétique
Mireille Jochum-Guillou
Kaiserstraße 7
66119 Saarbrücken
Telefon 06 81 / 3 62 19
Telefax 06 81 / 37 42 69

Naturprodukte Bernd Bräuner
Auf dem Niederberg 35
61118 Bad Vilbel
Telefon 0 61 01 / 50 01 77
Telefax 0 61 01 / 50 01 78

Chlorella und Spirulina HAU
Sanatur GmbH
78224 Singen
Telefon 0 77 31 / 8 78 30
Telefax 0 77 31 / 87 83 81

Vegi-Versand 2000
Diffenestraße 10a–c
68169 Mannheim
Telefon 06 21 / 7 62 88 32
Telefax 06 21 / 74 59 86

Vividus GmbH
Grüntaler Straße 56
13359 Berlin
Telefon 0 30 / 4 93 50 55
Telefax 0 30 / 4 93 50 56

Algentherapie:
Naturheilpraxis Thomas Karrer
Zöpfstraße 19
85543 Dorfen
Telefon 0 80 81 / 91 19
Telefax 0 80 81 / 91 30

Register

Abführmittel 145
Abstoßungsreaktionen 146
Agar-Agar 42, 87, 88, 89, 147
– Nährböden 145
– Pulver 130
Alaria 35
Algen 9, 14
Algenarten 15, 17ff., 23, 29ff., 34ff.
Algenbad 138
Algen in der Kosmetik 137
Algen im Haushalt 149
Algenkultur 61
Algenpackungen 124, 139
Algenpräparate 51ff.
Algentherapie 92
Algenwachstum 14
Algenzucht 61
Algen, Zusammensetzung von 23
Alginate 36, 135, 145
Alginsäure 34, 94, 127, 147
Allergien 107
Aminosäuren 23, 96
Aminosäurezusammensetzung 25
Anbau 66
Antibiotika, natürliche 145
Anti-Hunger-Trick 131
Anti-Pilz-Diät 99
Ao-Nori 76

Arame 38, 81, 84, 128
Arteriosklerose 105ff.
Arthritis 103ff.
Arthrose 103ff.
Arzneien 54
Arzneiträger 145
Auflage für müde Augen 130
Ausleitung von Giften 93ff.

Beilage 64
Begleiterscheinungen 56
Beta-Carotin 27, 99, 102, 107
Biokatalysatoren 10, 24
Biomedizin 145ff.
Birntang 33
Bindemittel 136
Blasentang 45, 127, 136
Blaualgen 32
Bluthochdruck 105ff.
Braunalgen 29, 32, 100, 136

Candida albicans 97
Candida-Therapie 99
Carragheen 43, 147, 150
Cellulitis-Kur 123
Ceramide 135
Chlordecon 96
Chlorella 48
Chlorophyll 17ff., 27, 99, 134
Chlorophytae 31
Cholesterin 105

Register

Chondrus rispus 147
Chrysophytae 30
Cyanophytae 32
Cytofiltrat 54

Dämmstoff 149
Darreichungsformen 52
Delesseria sanguinea 136
Diatomeenerde 30, 149
DMPS 93ff.
Dosierung 57
Dünger 150
Dulse 40, 128
Dynomil-Technik 53

Einzeller 17, 29
Eiweißverbindungen 24
Elektrophorese 145
Enteisungsflüssigkeit 150
Entgiftung 96ff.
Entsäuerung des Organismus 99
Epiphyten 20
Erdbeerkonfitüre 89
Ernährung, kohlenhydratarme 98
Ernährung, moderne 62
Erntezeitpunkt 28

Farbmittelproduktion 149
Farbpigmente 19, 29
–, Verteilung von 33
Fasten 111ff.
– -formen 113ff.
– -kuren 115ff.
Fertigprodukte 65
Fettsäuren, mehrfach ungesättigte 107

Fleischkonserven 147
Flüssigkeit, extrazelluläre 13
Fingertang 37, 136
Fossil-Alge 136
Frauenleiden 110
Freie Radikale 99
Fruchtgelee 87
Frühjahrskur 116
Frühlingssalat 79
Fucoidin 45
Fucus 45, 127

Galvansäure 94
Gamma-Linolsäure 107, 134
Gel 127
Gelstoffe 135
Gemüsespaghetti 84
Gemüsetopf 81
Generationenwechsel 22
Geschmacksverstärker 59
Gesichtsmasken 140ff.
Gicht 103ff.
Glucose 17
Glutaminsäure 37, 63
Glycolipide 106
Goldalgen 30
Grünalgen 31

Hämoglobin 27
Hefepilz 97
Heilmittel 90ff.
Himbeer-Joghurt-Creme 88
Hiziki 39, 78, 80, 83, 86, 128

Immunstärkung 106
Inhaltsstoffe 26

Insektizide 96
Irisches Moos 44, 130

Japanische Küche 74
Jod, organisches 10, 24
Jodalgen 45
Jodit 108

Kartoffelsalat 80
Kartoffelsuppe 82
Kelp 19, 37, 106, 127
Kieferchirurgie 146
Kieselalgen 30
Kieselgur 30, 149
Kläranlagen, biologische 150
Klamathalge 47
Knochenersatzstoff 146
Knotentang 45, 136
Kochrezepte 78ff.
Kohlendioxyd 9, 13, 17
Kohlenhydrate 24
Kombu 37, 82, 127
Konservierung 52
Kosmetik 133ff.
– mit Algenwirkstoffen 143
Krebstherapie 100ff.
Kressesalat 78
Kushi-Diät 73

Lagerpflanzen 17
Laminaria digitata 136
Laver 40ff.
Laminariae 37
Lebensmittelindustrie 147
Lebensmittelzusatzstoffe 60
Lebensraum, Algen 12ff.
Lufttrocknung 51

Maerl 136
Makkaroni-Auflauf 85
Makrobiotik 71ff.
Makromoleküle 94
Mannit 38
Mazeration 54
Meer 12ff.
Meeresalgen 27, 35ff.
Meeresgemüse 59ff.
Meeressalat 45
Meeresschlick 119
Meeresspaghetti 83
Mehrfachzucker 42
Membranen 21
Metall-Ionen, radioaktive 95
Mikrofilter 149
Mineralien 23
Moneren 17
Morbus Parkinson 146

Nährstoffmangel 110
Nährstoffträger 23ff.
Nahrungsmittel, basische 99
Nahrungsquelle 67
Nahrungszusammensetzung, optimale 73
Natriumglutamat 37
Nebenwirkungen 55
Nereocystis 33
Nervengift 47
Non-Food-Industrie 149
Nori 40ff., 75, 83, 129

Ökosystem 15
Organismus der Algen 17
Organe, künstliche 146
Osmose 20

Paraimmunität, Erhöhung der 106
Parodontose 146
PCB 96
Pestizide 96
Pflanzenthallus 29
Photosynthese 9, 15, 17, 22, 23, 29
Phaeophytae 32
Phospholipide 106
Phycoerythrin 30
Phytoplankton 30
Plankton 19
Polysaccharide 94
Porphyrine 106
Procain 104
Protisten 17

Quellfähigkeit 63

Radikalfänger 102
Reisedurchfall 131
Regulierung der Blutgerinnung 145
Rezepte für die Gesundheit 126ff.
– für die Schönheit 138ff.
Rheumatismus 103ff.
Rhodophytae 31
Riesentang 37
Rohstofflieferant 10
Rotalgen 30, 31, 136

Sargassum Seegras 19
Salzwasseralgen 16
Sauerstoff 13, 14, 17, 22
Sauerstoffproduzenten 22

Sauerstoffmangel 14
Scenedesmus 46
Scheinschmarotzer 20
Schilddrüse 24
Schlacken, Abbauen von 121ff.
Schilddrüsenunterfunktion 108
Schönheitspflege 126
Schwermetallausleitung 132
Seepalmenalgen 85
Selen 95, 102
Selenmangel 102
Siliziumdioxid 149
Sojabohne 50
Speisealgen 126, 147
Spirulina 49, 95, 99, 101, 136
Sporopollenin 94
Spurenelemente 23
Stabilisatoren 59
Stoffwechselerkrankungen 146
Sushi 74
Sushi-Zubereitung 76
Süßwasseralgen 16, 26, 46ff.

Tee aus Blasentang 129
– gegen Darmprobleme 130
– gegen Husten 129
Thalassotherapie 53, 118ff.
–, Haupteinsatzgebiete von 120
Thermalanwendungen 120
Tierfutter 150
Tomatenkuchen 86
Trocknung 52

Register

Undaria 35ff.
Ulva lactuca 137

Vegetarier 24
Verdauungsbeschwerden 109ff.
Vermehrung 21
Vitamine 23

Wakame 35ff., 79, 127
Wundversorgung 145

Zahnmedizin 145
Zellhülle 21
Zellverbände 17
Zellwände 21
Zinkmangel 102
Zoosporen 21
Zubereitung 51ff., 68ff.
Zuckerverbindungen 24
Zuckertang 37

GOLDMANN

*Das Gesamtverzeichnis aller lieferbaren Titel erhalten Sie
im Buchhandel oder direkt beim Verlag.*

Taschenbuch-Bestseller zu Taschenbuchpreisen
– Monat für Monat interessante und fesselnde Titel –

✳

Literatur deutschsprachiger und internationaler Autoren

✳

Unterhaltung, Thriller, Historische Romane
und Anthologien

✳

Aktuelle Sachbücher, Ratgeber, Handbücher
und Nachschlagewerke

✳

Esoterik, Persönliches Wachstum und
Ganzheitliches Heilen

✳

Krimis, Science-Fiction und Fantasy-Literatur

✳

Klassiker mit Anmerkungen, Autoreneditionen
und Werkausgaben

✳

Kalender, Kriminalhörspielkassetten und
Popbiographien

Die ganze Welt des Taschenbuchs

Goldmann Verlag · Neumarkter Str. 18 · 81673 München

Bitte senden Sie mir das neue kostenlose Gesamtverzeichnis

Name: _____

Straße: _____

PLZ / Ort: _____